U0072717

東大
名譽教授的
歷史講堂！

建築裡的
世界史
圖鑑

監修
本村凌二
日本東京大學名譽教授

黃筱涵 譯

楓書坊

前言

　人們多半會根據外在表現加以判斷對吧？若留下強烈的視覺印象，往後依然會時不時想起當初所建的模樣或形體。每每回顧歷史的時候，腦中浮現的事物同樣是以有形物體為主。

　以我自己的經驗來說，就難以忘懷首次仰望米蘭主教座堂時的衝擊，絢爛華美得簡直不像這個世界的產物，讓人不禁佩服義大利人竟能夠在五百年前創造出這棟建築。如果是性能卓越的產品，日本人當然也做得出來，但至今尚無能與其並駕齊驅的設計。

　有形物體就像這般確實刻鑿著人類的足跡。談到古代的巨大遺跡，腦海裡首先會浮現英國的巨石陣，還有美索不達米亞酷似金字塔的塔廟、埃及的巨大金字塔，而這些都與宗教、喪葬儀節息息相關。此外，南亞文明還孕育出哈拉帕與摩亨佐達羅等都市，保留井然有序的街景遺跡。提到與現代文明有關的遺跡時，任誰都很難忽略希臘與羅馬的建築物。

　仰望建造於西元前五世紀的雅典帕德嫩神廟，便不難看出此乃當今歐美各國建築樣式的原型。談到羅馬帝國，能夠容納五萬人的圓形競技場——羅馬競技場的威容就浮現眼前，集古代建築技術精華於一身的萬神殿同樣令現代人著迷。一想到同一時期的日本連卑彌呼都還沒登場，就不禁詫異萬分。

2

可是，古代末期至十二世紀之間，東方建築文化的發展卻是遠優於西歐。拜占庭帝國在承接古羅馬傳統的同時亦吸納東方的技術，打造出聖索菲亞大教堂如此壯麗的教堂，穹頂覆蓋著足以成為這座建築物象徵的圓頂鑲畫。

融合了古代所有建築傳統的伊斯蘭建築，善用拱門、藍色天花板與圓頂交織出立體幾何的空間，中庭與軸線的配置在俐落之餘，亦施以繁華的裝飾，構築出絕妙的建築文化。

伊斯蘭建築對歐洲產生深遠的影響，因此哥多華、阿爾罕布拉、巴勒莫、阿瑪菲、威尼斯等地的宮殿與教堂，都可看見伊斯蘭建築樣式的影子。

西元九世紀末，義大利北部的倫巴底地區出現了羅馬式建築並傳播至整個歐洲，復興期的文藝復興建築則對全義大利都產生了影響，十七世紀流行的巴洛克建築同樣遍布義大利各地。

與此同時，伊斯蘭建築的影響也深入東方。十七世紀中期，印度北部建造的泰姬瑪哈陵，是皇帝獻給愛妻的白色大理石陵墓，可以說是印度的伊斯蘭建築傑作。

像這樣透過建築追溯人類文明進展的足跡，讓古人留下的線索化為清晰可見的視覺影響，歷史也就變得更加鮮明，腦中的世界史也會浮現全新的面貌吧？

本村凌二

東大名譽教授的歷史講堂！
建築裡的世界史圖鑑

目次

第3章 近世

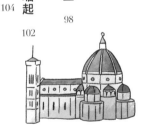

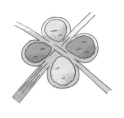

想知道更多！世界史小故事

① 羅馬帝國的遺產 32

② 中世紀的教堂建築 64

③ 歐洲強權支配下的非洲 72

④ 西班牙摧毀的美洲文明 78

⑤ 瀕危世界遺產 146

第1章

古代

從西元前時代的遺跡了解一萬年前的生活型態

● 壁畫透露的飲食生活

人類的祖先——智人在約二十萬年前誕生於非洲，後來翻山越嶺又橫渡海洋，在約五萬年前到達澳洲大陸，接著於約四萬年前輾轉來到東亞、日本列島，到了約一萬四千年前又經由阿拉斯加到達美洲大陸。就這樣人類在約一萬年前左右遍布世界各地的大陸，地球也迎來冰河時期的結束變得溫暖，形成了與現在幾乎相同的氣候與自然環境。人類就在這樣的環境中，逐漸展開了農業與畜牧業。

最早從事農業與畜牧業的是西亞。西亞有許多沙漠，然而地中海東岸至裏海西岸、札格羅斯山麓一帶（新月沃土）在當時有豐沛的降雨，相當適合農耕。人類在此之前過著狩獵採集生活，學會透過農耕獲得更大量且穩定的糧食後，便產生了定居的文化。位在底格里斯河上游的伊拉克耶莫遺跡就曾是座小農村，村民約一百五十人，飼養著山羊與綿羊等家畜。

約一萬年前的村莊——加泰土丘

土耳其的加泰土丘遺跡是世界最古老的農村之一，據信存在於西元前7400～西元前6200年。村民藉農業獲得穩定糧食就開始在此定居，在此共同生活的人口數於全盛時期多達數千人。

手工產業的據點
村民在從事農業之餘，也會生產土器或織品等手工製品，且主要是在屋頂上進行。

不斷進步的技術
村民用黑曜岩、寶螺與銅等加工短劍、鏡子與飾品等。

從屋頂進門
用磚塊與泥土建造的住宅形成密集的聚落。設置在屋頂的洞穴為住宅的出入口，人們會以梯子進出，因此住宅間的通道也設在屋頂上。

村莊範圍約東西向500公尺、南北向300公尺，飼養牛、山羊與綿羊等動物。

壁畫上的動物
住宅內部的牆壁保有許多彩色壁畫，對狩獵的描繪讓人可稍微窺見當時的生活。

小知識　據信最古老的人類是約7百萬年前誕生於非洲中央的查德撒赫爾人猿，後來因為非洲沙漠化導致糧食不足，人類才慢慢離開這個誕生地。

〔 撒哈拉沙漠曾經綠意盎然！〕

非洲大陸北部擁有世界最大的撒哈拉沙漠，然而這裡其實曾經是一片森林，因此稱為「綠色撒哈拉」。從阿爾及利亞的塔西里奈加（Tassili n'Ajjer，水源富足之地的意思）洞窟壁畫，即可看見人們在綠意豐沛的大地生活樣態。

從森林轉變成沙漠

撒哈拉不斷在溼潤與乾燥之間轉換，到了西元前5000年左右開始急遽沙漠化，逐漸變成現在的模樣。

人們筆下動物的變化

岩畫中描繪的動物依時期不同，依序可概分為「野牛」、「跑頭人物」、「獵人」、「牛」、「馬」與「駱駝」。可以看出人類從狩獵野生動物的生活，轉變成畜牧生活，最後隨著撒哈拉乾燥化而開始飼養駱駝。

建築小故事

舊石器時代的洞窟壁畫

透過西班牙阿爾塔米拉洞窟、法國的拉斯科洞窟等處的壁畫，可以得知舊石器時代的人類過著什麼樣的生活。像阿爾塔米拉洞窟的頂端就繪有馬、牛與鹿等動物與狩獵的人們。這幅壁畫背後隱含著祈求狩獵成功的意義，同時也透露著當時人們飲食生活的一部分。

阿爾塔米拉洞窟保有許多色彩鮮艷的壁畫，人稱「西元前時代的西斯汀禮拜堂」。

小知識　巴勒斯坦的耶利哥遺跡（西元前8000～西元前6000年左右）曾是以石牆圍成的聚落，有約500個人在此過著農耕生活。

巴別塔的原型——
神聖高塔金字形神塔

● 現在仍有幸拜見的古代國家高度文明

初期的農業均仰賴自然的雨水（天水農法），西元前五〇〇〇年左右全球氣候乾燥，無法再期待雨水的澆灌，因此人們為了求水而聚集至大河邊。

這使得人類聚落規模變大，並於西元前三〇〇〇年左右發展出了各自的文明，包括兩河流域（底格里斯河與幼發拉底河）的美索不達米亞文明、尼羅河流域的埃及文明、黃河與長江流域的中國文明、印度河流域的印度河流域文明等。

發展出美索不達米亞文明的是民族起源成謎的蘇美人。西元前三〇〇〇年，美索不達米亞南部出現烏爾、烏魯克、拉格什等城邦（早王朝時代）。城邦受高聳城牆環繞，中心建有祀奉神靈的金字形神塔。

據信《舊約聖經》提到的「巴別塔」，是以新巴比倫帝國（→18頁）於西元前七世紀建造首都巴比倫時建構的金字形神塔為原型。

｛祀奉月神的金字形神塔｝

據信蘇美人所建造的城邦（都市），都各有不同的守護神。西元前2100年用日曬磚塊建造的烏爾城邦金字形神塔（伊拉克）就祀奉著月神南納。

通往神殿的階梯

金字形神塔為三層樓建築，最初的高度為21.33公尺，最上層設有月神的神殿。現在只剩下兩層。

神靈專用梯

筆直通往神殿的階梯，象徵著神靈通往天上的梯子。

代替神靈統治大地的王者

烏爾的金字形神塔是烏爾第三王朝的國王烏爾納姆興建，當時將國王稱為「恩西（Ensi）」，認為其是代替城邦之神統治國家。

外側設有通風孔與排水孔，以避免內側磚塊破裂。

西元前6世紀由新巴比倫帝國的尼布甲尼撒二世修建，但是1991年在波斯灣戰爭影響下局部受損。

小知識 文化一詞源自於拉丁語的「耕作（colere）」，文明則源自於拉丁語的「市民權（civitas）」。由此可以看出「文化」與風土民情息息相關，「文明」則與都市密不可分。

《在古老印度發展的高度都市文明》

西元前2600年左右，印度河流域出現了印度河流域文明。目前已知巴基斯坦的摩亨佐達羅（死亡之丘）在當時設有齊全的都市設施，包括用磚塊鋪成的道路與排水設備等。

城塞地區與市街地區

遺跡由西側城塞地區（照片）與東側市街地區組成，由於前者看不出城堡或宮殿等的存在，因此推測當時應該屬於商業都市。粗估人口約為3萬人。

完善的下水道

各棟建築地面都埋有以土壤製成的排水口，廢水會流到沿著道路設置的排水溝，再匯流至大馬路下的主要下水道。

沐浴場

鑿井取得的水會儲存在此處，據信沐浴一事在當時具有宗教意涵。

建築小故事

充滿謎團的西元前巨石造物──巨石陣

坐落在英國南部索爾茲伯里平原的巨石陣，是由巨石在直徑100公尺的台地上，組成直徑約30公尺的環狀石陣。據信是西元前3000年至西元前1500年之間，分成三階段建築而成，但是至今仍解不開建造目的。不過有一部分的巨石為青石，2008年發現青石在當時被視為治癒之石，因此推測病人會到此祈求康復。

小知識 根據推測，巴比倫的金字形神塔底座邊長91公尺，是高達90公尺的7層樓高塔。

刻在漢摩拉比法典碑上 世界最古老的利息規則

● 統治整個美索不達米亞的國王

在美索不達米亞南部因蘇美人城邦而繁榮的同時，北部的閃語族游牧民族——阿卡德人正不斷擴張勢力。西元前二十四世紀，開創阿卡德帝國的薩爾貢大帝攻占了蘇美人的城邦，終於統一整個美索不達米亞。但是阿卡德帝國的繁華卻僅只維持一個世紀。

後來的阿卡德帝國並未繼續壯大，而是陷入長期的混亂。西元前十九世紀，亞摩利人建立了以巴比倫為首都的巴比倫第一王朝，並在西元前十八世紀，由第六任國王漢摩拉比統帥了整個美索不達米亞。

漢摩拉比確立了中央集權制度，並制定了共有兩百八十二項法條的《漢摩拉比法典》，內容包括土地制度與家族制度等。漢摩拉比法典最有名的就是「以眼還眼，以牙還牙」這段復仇式的文句，不過其實法典中還規定了金錢借貸的規則，內容包括借貸時的利息上限為百分之二十等細節。

〔 制定人民應遵從漢摩拉比法典 〕

於西元前1754年左右制定的《漢摩拉比法典》共282條，由民法、刑法、商法與訴訟法等組成，但是僅適用於兩造身分相當的情況。

漢摩拉比從太陽神手中取得象徵王權的權杖與手環

太陽神沙馬什

2.25m

刻在玄武岩上的利息上限

漢摩拉比法典碑以楔形文字呈現法條，包括了「商人出借1克爾的穀物時，最多可收取100西拉的利息；出借1謝克爾的銀，最多可收取1/5謝克爾的利息。若商人收取利息超過此數字，將失去出借的穀物或金錢」，這是現存資料中，最早由國家制定利息上限的文本。

「以眼還眼 以牙還牙」

第196條「公民損毀其他公民的眼睛時，必須施以同等的眼睛毀損之刑」是相當知名的復仇型法條。不過相同罪行所屬施的刑罰會依受害者身分而異，若受害者為貴族時必須處以死刑，受害者是奴隸時則僅處罰罰款。

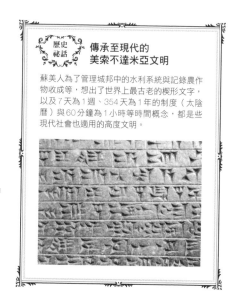

歷史秘話　傳承至現代的美索不達米亞文明

蘇美人為了管理城邦中的水利系統與記錄農作物收成等，想出了世界上最古老的楔形文字，以及7天為1週、354天為1年的制度（太陰曆）與60分鐘為1小時等時間概念，都是些現代社會也適用的高度文明。

小知識　巴比倫第一王朝在西元前1530年左右遭西台王國所滅。由於西台王國擁有鐵製武器和馬戰車，因此從這個時期開始，是否懂得藉馬匹提升軍事能力，大幅影響了帝國的興亡。

｛西台王國的首都哈圖沙｝

西元前17世紀，西台王國以安納托力亞（現為土耳其領土）的哈圖沙（波阿茲卡雷）為據點。西台王國征服了原住民哈提人後取得製鐵技術，並於西元前15世紀發明了鋼，帶著鐵製武器與戰車四處征戰。

大神殿遺跡

哈圖沙現存最大規模的遺跡——大神殿建築於西元前13世紀，供奉的是天氣之神鐵列平與其妻赫帕女神，據信曾有倉庫（照片）等200間以上的房間。

經復原的城牆

哈圖沙曾受到全長約6公里的城牆環伺，2006年復原了其中約64公尺。

獅子門

首都入口設有刻著獅子像的玄武岩，據信具有驅魔的意義。從獅子門也可看出當時的宗教已經開始用動物表達意象。此外，學者還在哈圖沙發現斯芬克斯門，可見當時受到了古埃及的影響。

建築小故事

人氣能量景點──許願石

哈圖沙的大神殿基地內有一座巨大的綠色岩石，是當地很難採到的礦物，用途與來歷尚未解開，但是有人認為是埃及拉美西斯二世所贈。這座巨石如今被視為許願石，成為知名的人氣能量景點。

西台王國於西元前1274年在右與古埃及交手（又稱卡狄石戰役），並締結了世界上最古老的和平條約，因此有人認為這塊綠色岩石是和平的信物。

小知識　學者在哈圖沙發現了儲藏量達數萬噸的穀物倉庫、供水給都市的蓄水池等。解讀此處的泥板楔形文字後，判斷西台語屬於印歐語系。

世界第一座公共建設——埃及金字塔

●動員大量勞工的一大專案

古埃及文明誕生於肥沃的尼羅河流域，流域內形成許多城邦國家（稱為「諾姆」），據說上游有兩座、下游有二十座，各自整合成上埃及與下埃及與王國。

相較於位處遼闊平原，導致各民族爭戰不休的美索不達米亞，沙漠與海洋環伺的古埃及無論王朝如何更迭，都緊握在埃及語族手上。古埃及歷史長達三千年，歷經三十個王朝，因此會特別針對繁盛時期，概分成古王國、中王國（第十一、十二王朝）與新王國（第十八至第二十王朝）。

古王國崛起於西元前二十七世紀左右，首都是尼羅河下游的孟菲斯。第四王朝時代建設了大量金字塔，因此又稱為「金字塔時代」。近年有人認為耗費大量人力建造的金字塔，其實是種促進經濟循環的公共建設，讓貧民階層藉由參與建造金字塔，獲得貴族進貢給君主的糧食。

⟮吉薩三大金字塔⟯

古埃及認為法老（君主）是太陽神——拉的兒子，金字塔即是為了保存其木乃伊所造。其中最有名的是位在尼羅河西岸的吉薩三大金字塔——古夫、卡夫拉與孟卡拉金字塔。

孟卡拉金字塔

高約 65 公尺，是三大金字塔中最小的一座，據信是建設費用遭削減所致。

卡夫拉金字塔

西元前 2500 年左右建造，原本整座金字塔表面都覆蓋著原本石灰岩板，高約 136 公尺。

古夫金字塔

西元前 2550 年左右建造，底座邊長約 230 公尺，完工時高達 147 公尺左右。使用了約 230 萬塊平均 2.5 噸重的石灰岩，總計建設了約 30 年。

石材會透過船運從尼羅河送來，再用劃車從船上搬運到施工現場。

歷史祕話

世界首場罷工

約在西元前 12 世紀左右，底比斯有座村莊——戴爾美迪納聚集著從事陵墓建設的工人，然而國家的供餐不是延遲就是沒來，讓工人盛怒之下不願意工作，抗議了數月之久，據信這就是世界第一場罷工。

小知識　尼羅河每年7月～10月都會下起季節型豪雨，三不五時就氾濫成災，但也因此將上游的肥沃土壤沖至下游，形成適合發展農業的土地。

⦃展現拉美西斯二世威勢的阿布辛貝神殿⦄

第19王朝第三任法老拉美西斯二世為了誇耀自身的強大，於西元前1264年至西元前1256年之間，在努比亞建造了阿布辛貝神殿。

4尊拉美西斯二世雕像

設置在神殿正面的拉美西斯二世像高約20公尺。
雕像身體處刻有戰俘以彰顯王權，同時也象徵全埃及的統一。
拉美西斯二世腳邊的雕像則為其他王族成員。

西元前27年的地震造成頭部損毀並墜至腳邊，後世修復時仍維持這個狀態。

普斯肯特冠（法老的雙重王冠）象徵著上埃及與下埃及。

至聖所

位在神殿深處的至聖所供奉著拉美西斯二世、太陽神拉‧赫拉克特、法老守護神阿蒙‧拉、黑暗之神佩特的神像。每年春分與秋分時會有朝日照進來，裡面只有佩特的神像照不到光。

隨著1960年代的亞斯文水壩（→P129）建設，如今已經遷移至60公尺高的山丘上。

入口上方的凹槽設有拉‧赫拉克特的神像。

⦗歷史祕話⦘ 羅塞塔石碑的發現與古埃及文字的解讀

古埃及使用的文字系統，包括屬於象形文字的聖經體（Hieroglyph）、神官使用的神官體（Hieratic）、經簡化以便日常使用的世俗體（Dometic）等。1799年拿破崙遠征埃及時發現的羅塞塔石碑，為現代人解讀古埃及文字帶來了莫大貢獻，並於1922年由法國學者尚皮里歐成功解讀。

古埃及人為了書寫文字而發明莎草紙（Papyrus），Papyrus一詞傳到歐洲後就演變成英文「Paper」。此外埃及還建立了以365天為一年的太陽曆。

英國於1801年攻破法國後當成戰利品帶回國，現在展示於大英博物館。

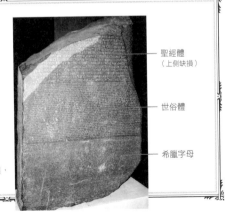

聖經體（上側缺損）

世俗體

希臘字母

⦗小知識⦘ 古埃及認為死者的靈魂會回到肉體並重生，因此會從遺體取出腦與內臟，再將名為奈純（碳酸鈉與碳酸氫鈉組成）的物質撒在全身表面使其乾燥，接著洗淨後塗抹香精油，在體內塞滿藥草、桂皮與木屑等並縫合，最後以亞麻布纏起後安置於木棺中。

曾為世界中心的波斯帝國

阿契美尼德王朝宮殿

● 統治範圍囊括埃及至印度北部

西元前七世紀，以底格里斯河上游為據點的新亞述帝國征服埃及、統一近東，以尼尼微為首都，勢力擴及埃及、安納托力亞、敘利亞與美索不達米亞。但是反抗勢力同樣遍地開花，最後帝國於西元前六一二年垮台，分裂成埃及、利底亞、新巴比倫與米底亞。

最後收拾這個混亂局面的，是屬於印歐語系的波斯人。西元前五五〇年，阿契美尼德家族的居魯士二世打贏了米底亞，開啟了波斯帝國的阿契美尼德王朝，後來又於西元前五四七年征服利底亞、西元前五三九年壓制新巴比倫。坎比塞斯二世上任後，正式在西元前五二五年擊敗埃及，總算統一整個近東地區。

波斯帝國位居第五的波斯波利斯，就保有描繪屬國使節朝貢的浮雕，當時的屬國多達二十五個國家，北至斯基泰，東至犍陀羅，西至利比亞，南至衣索比亞，可一窺阿契美尼德王朝位居世界中心的地位。

〔 狩獵獅子的新亞述王 〕

坐落在尼尼微（伊拉克）的亞述巴尼拔宮殿，有許多不同主題的浮雕裝飾品，描繪內容包括獅子狩獵等。當時將狩獵視為宗教活動的一個環節，因此宮殿裡飼養著狩獵專用的獅子。

戰車

新亞述軍的主力為戰車（雙輪馬車），駕駛與手持弓箭的射手會站在馬車上。

亞述巴尼拔國王

帶來新亞述帝國的巔峰。獅子狩獵同時也具有彰顯國王權力的意義。

尼尼微受到全長約12公里的城牆圍繞，據說當時住了10萬人以上。

小知識　西元前7世紀，尼尼微出現了史上第一座圖書館，收藏了從各地蒐羅而來的泥板文件（共約兩萬件，現在收藏於大英博物館）。阿契美尼德王朝在大流士一世（在位期間為西元前522～前486年）時代，引進史上第一個徵稅制度，但是要繳稅的僅有異族人，波斯人免稅。

｛阿契美尼德王朝的新首都──波斯波利斯｝

波斯帝國阿契美尼德王朝在大流士一世時代迎來全盛時期，統治了埃及至印度西北部之間。而大流士一世是在西元前 520 年左右，著手新首都波斯波利斯（伊朗）的建設。
可惜在西元前 330 年慘遭亞歷山大大帝的破壞與掠奪。

充滿謎團的新首都

波斯帝國投注心血新建東西約300公尺、南北約450公尺的波斯波利斯原因不明。據信這裡主要用來舉辦新年活動，並接見獻上賀禮的各國使者。

阿帕達納宮

底座邊長112公尺、高達2.6公尺，是接見朝貢使節專用的宮殿，階梯還保有刻畫朝貢使者的浮雕。

薛西斯宮殿
大流士一世之子──薛西斯一世的宮殿。

塔查拉宮殿
大流士一世的宮殿。

寶庫
保管真品的地方。

兵營
衛兵駐紮在此。

大殿
有100根柱子支撐的建築物，大廳充分展示了王國的富有，向外國使節宣揚國威。

歷史祕話　世界第一個貨幣

西元前670年左右，希臘與近東之間的利底亞王國，發行了世界第一個硬幣──銀金礦幣。貨幣使交易更加流暢，交易量自然大增，因此貨幣制度也傳遍近東與希臘，後來阿契美尼德王朝也發行了達里克金幣與希克利銀幣。雅典亦鑄造了德拉克馬銀幣，而希臘一直到2001年都還在使用德拉克馬這個貨幣單位。

達里克金幣的正面是國王持槍與弓奔馳的模樣。

小知識　新巴比倫帝國首都巴比倫的城門之一「伊什塔爾城門」，在20世紀初期被發現，運到德國修復後，現展示於佩加蒙博物館。伊拉克現存的是尺寸為原品2/3的仿製品。

遭羅馬破壞的神殿遺構 猶太人的聖地「哭牆」

● 猶太王希律重建的神殿

據信以色列人（猶太人）是從西元前十五世紀開始定居在地中海東岸的巴勒斯坦，雖然有些人曾移居埃及卻慘遭迫害。西元前十三世紀，在先知摩西的率領下回到巴勒斯坦。西元前十一世紀整合各部族後，成立以色列王國，並在所羅門王三世的時代迎來全盛時期，在耶路撒冷建造唯一神耶和華的神殿。後來於西元前十世紀，分裂成以色列王國與猶大王國。西元前七二二年，以色列王國遭新亞述王國所滅。

猶大王國在西元前五八七年亡於新巴比倫帝國，遭擄的猶太人被帶到巴比倫，在這塊土地上發展出新的宗教猶太教。前五三八年，阿契美尼德王朝釋放猶太人回耶路撒冷後，他們重建神殿，將祭儀整理成法典，猶太教正式成形。後來神殿在與其他民族的征戰中損毀，西元前一世紀猶太王希律重建，卻在七〇年再度遭羅馬軍隊破壞，僅剩西側的牆壁（哭牆）。

〔猶太教徒的聖地「哭牆」〕

耶路撒冷舊市街地——神殿之丘西側的城牆俗稱「哭牆」，是在羅馬軍隊侵略時遭破壞的神殿遺構，猶太教徒神殿僅存的這面牆如今已經成為他們的聖地，自古以來便會在牆前祈禱。

岩石圓頂
（→P46）

哭牆
由羅馬皇帝任命為猶太王的希律王，為擴張神殿基底所設置的城牆一部分。寬約57公尺，突出地面的高度約19公尺，是以重達40～350噸的巨石塊疊成。

建築小故事

所羅門聖殿的形狀？

所羅門聖殿是規模龐大的建築物，深27公尺、寬9公尺、高度則為13公尺，貼滿純金的神殿深處內殿（至聖所）設有純金祭壇，並擺放了用金板包覆的「約櫃（放有兩塊刻有摩西十誡的石板）」，卻在西元6世紀遭到新巴比倫帝國破壞。

小知識
相較於猶太人的據點——巴勒斯坦，亞蘭人所在的大馬士革因為頻繁的陸上交易而繁榮，亞蘭文字更成為希伯來文字與阿拉伯文字等的原型。至於以海上交易拓展勢力的腓尼基人，則將腓尼基文字傳到希臘，後來又演變成廣為人知的字母。

❰ 藏在「馬薩達」的淒慘歷史 ❱

西元66年，猶太人決定反抗羅馬的統治，發起了第一次猶太戰爭。羅馬軍隊陸續鎮壓了耶路撒冷與各地據點，其中馬薩達（以色列）抵抗了兩年多，最終在西元73年淪陷，這時有約960名猶太人選擇自盡。

山頂要塞
馬薩達位在死海西岸標高約390公尺的懸崖上，建設於西元前2年～西元1世紀，並由希律王的時代擴張，現在可搭乘纜車前往。

貯水槽
馬薩達離水源有18公里之遠，因此希律王在山麓建設了水庫與水路等水利系統，會由驢子將儲存的雨水載往山頂的儲水槽。

西側宮殿遺跡
希律王的大殿與王族住所，也會用來接待並供客人留宿。

北側宮殿遺跡
有完善糧倉與浴槽的希律王住所，但是據說希律王不曾用過。

要塞附近還留有羅馬軍隊的駐紮痕跡。

❰ 記載於石碑上的色列王 ❱

西元前825年，亞述國王沙爾馬那塞爾三世所造黑色方尖碑上，就留有以色列王耶戶朝貢的浮雕，這是現存以色列王相關紀錄中最古老的一個，高度約為198公分。

投降的以色列王
西元前841年，新亞述王國侵略以色列時，以色列王耶戶答應進貢金銀與鉛以示臣服。

❰歷史秘話❱ 為什麼猶太人靠放貸營生？

兩度對抗羅馬帝國（猶太戰爭）卻落敗的猶太人流亡（Diaspora）至世界各地，無法持有不動產的他們，將財產都換成貴金屬，並從事當時歐洲視為卑賤職業的放貸工作。猶太教的教諭本來就與基督信仰不同，將累積財富視為好事，因此猶太人自古以來就會借錢給其他民族以收取利息，並在中世紀創造了銀行業。18世紀，羅斯柴爾德家族在德國法蘭克福融資給國王與貴族發跡，成為歐洲手握最多金融資產的家族。英國劇作家莎士比亞的喜劇《威尼斯商人》（1596年左右）中，專門放高利貸的貪婪商人夏洛克就是猶太人。

小知識　猶太人在宗教方面因為巴比倫囚虜的歷史而更加團結，並編撰了法律、歷史書籍與寓言書等文字紀錄，在這個環境下誕生的即為《聖經（舊約聖經）》。

傳說王者與黃金城之島 覆滅的宮殿與墳墓遺跡

●神話與《伊利亞德》所在的世界

西元前三〇世紀至西元前十二世紀，愛琴海域受到古代近東世界的影響，誕生了愛琴海文明。

愛琴海文明的中心為愛琴海上的克里特島，考古調查發現克諾索斯等島內各地都建有宮殿。據信克諾索斯宮殿於西元前一六〇〇年左右，曾是開創邁諾安（克里特）文明的傳說王者邁諾安居住。由於這裡的宮殿均未設城牆，可推測當時是相當和平的時代。

另一方面，小亞細亞半島的西岸則興起了特洛伊文明。西元前二十世紀左右，從北方南下的希臘人以伯羅奔尼撒半島為中心，建設了邁錫尼與提林斯等城邦後，便開始攻占克里特島與特洛伊。西元前十二世紀，希臘人的其中一個部族多利安人從巴爾幹半島北部南下，征服了邁錫尼後又在各地大肆破壞，使愛琴海一帶陷入混亂。

邁諾安文明的中心——克諾索斯宮殿

克里特島的王國是以國王宮殿與周遭農村組成，其中規模最大的克諾索斯宮殿中，據說住了12000人。

複雜的構造
宮殿營占地22000平方公尺因並擁有超過1000間的房間，因其構造複雜而被稱為「迷宮（Labyrinthos）」，是英國考古學家伊凡斯於1900年發現的。

先進的都市設施
宮殿中有齊全的排水設備與沖水馬桶。

米諾陶洛斯傳說
根據希臘神話所述，克諾索斯宮殿是為了囚禁半人半牛的怪物米諾陶洛斯所建築。

木製圓柱愈接近底部愈細。

神聖的牛
邁諾安文明認為牛是神聖的，壁畫還描繪著跳牛儀式。此外壁畫中也描繪著與男性擔任同職務、參加商業活動的女性。

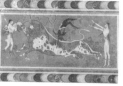

小知識　古希臘稱國王為「瓦納克斯」，周遭村落統治者為「埼西琉」，後來埼西琉崛起成了希臘世界的新掌權者，因此古典期的希臘語稱國王為「巴西琉斯」，就是源自於「埼西琉」一詞。

⟨ 擁有城牆的邁錫尼遺跡 ⟩

西元前1600年左右，邁錫尼文明在希臘綻放，這個好戰的民族在邁錫尼與底比斯等地建築城塞，
駕駛著馬拉戰車侵略他國，並於西元前1450年左右征服克里特島。

獅子門

邁錫尼遺跡的特徵就是用巨石
堆砌而成的厚實城牆。我們較
為入口的是「門東 西元前13
世紀中期建造的。這些石材皆
切割成一致的立方體，可看出
當時已具備高超加工技術。

據信獅子圖紋是 邁錫尼王家的
紋章。

開口部高約 3.10公尺，寬約
2.95公尺，曾設有木門。

1876年，德國考古學家施里
曼發現了遺跡與邁錫尼文明的
關聯性。

圓形墓塚A

據信為王及陵墓的圓形墓塚
中，挖出了黃金面具、黃金王
冠等豪者的陪葬品，可以發現
荷馬史詩《伊利亞德》中「擁
有大量黃金的富裕邁錫尼」是
真實存在。

據信是特洛伊戰爭中希臘軍統
帥——阿加曼農的面具

建築小故事

特洛伊的古代遺跡

1873年，施里曼挖掘出了荷馬史詩《伊
利亞德》所描繪的傳說都市特洛伊，這個
存在於西元前3500～西元500年的城
邦，是由不同時代建造的9個都市一層層
疊成，據信第七號都市（西元前13世紀
左右）即為特洛伊戰爭發生之地。

小知識　1873年，德國考古學家施里曼挖出了特洛伊遺跡，發現許多黃金王冠與青銅武器等財寶（普里
阿摩斯寶藏），但是在第二次世界大戰時遭蘇聯軍隊搶走，現在收藏於莫斯科的普希金博物館。

希臘首創的民主體制

富裕階層開始參與政治

● 都市在稍高的山丘上成形

西元前八世紀，一部分的希臘人聚集（共濟主義），形成了所謂的城邦。

城邦周邊都是農地，市民會透過抽籤取得份地（持有地），但是土地不足以分配時，就會在海外建立殖民地以增加土地。這個時代建立的殖民都市包括拜占庭（現伊斯坦堡）、尼亞波利（現拿坡里）、馬薩利亞（現馬賽）、西西里島的敘拉古等。

希臘本土與殖民都市之間貿易往來頻繁，希臘輸出橄欖油、葡萄酒與陶器等，再從殖民都市引進穀物，其中以雅典受惠於活絡交易而格外繁榮。

雅典原本是由貴族主宰政治，但是平民透過貿易累積財富後，開始伏持經濟實力要求參與，進而發展出民主政治。但是這時能夠參與政治的平民，只有能夠自行調度武器的富裕階層。

｛貴族政治據點──亞略巴古｝

雅典最初主掌政治的是貴族，最高權位的執政官只有貴族才能擔任。雖然西元前683年起執政官的任期變成1年，但是歷任執政官都能成為終身議員，並透過亞略巴古會議掌握實權。

亞略巴古（阿瑞斯之丘）

位在衛城西側，由於這裡是戰神阿瑞斯犯下殺人罪後，受眾神審判的場所，因此又稱阿瑞斯之丘。實際上也會在此審判罪犯。

亞略巴古會議

終身議員在亞略巴古舉辦的會議，會透過審判、官職任命與國政監督等實質掌控國家機構，直到西元前5世紀起，才在民主政治的發展下失去權力。

以基督使徒保羅傳教場所聞名。

小知識

與貴族對立並受到平民所擁戴的獨裁者稱為僭主（僭主政治）。庇西特拉圖所統治的西元前6世紀，雖然透過雅典壯大了國力，其子卻成為暴君而引發民眾反彈，直到西元前508年，才在政治家克里斯提尼的領導下奠定民主政治的基礎。

﹝科林斯的衛城﹞

古希臘的城邦之一科林斯，位在連接希臘本土與伯羅奔尼撒半島的地峽，是在西元前8世紀左右以標高575公尺的科林斯衛城為中心所形成，並藉由海上交易發展經濟。

神殿周遭的廣場

西元前8世紀左右，古希臘人會以貴族為中心，居住在衛城（軍事要塞）所在的山麓，城邦逐漸成形。衛城中建有祭祀都市守護神的神殿，神殿周遭的山麓則有阿哥拉（廣場），人們的集會與市均在此處，熱鬧非凡。受到城牆圍繞的城邦周邊，則為市民們的份地（持有地）。

科林斯衛城

都市守護神阿芙蘿黛蒂等的神殿中，有多達1000名人稱神殿聖娼的妓女在此服務，是當時相當熱鬧的風俗區。

拜占庭帝國、威尼斯共和國與鄂圖曼帝國時代都直接在原本的城牆上增建，打造出愈來愈堅固的城塞。

建築小故事

藉德爾菲神諭決定的城邦政治方針

古希臘神話奧林帕斯十二神中的預言之神阿波羅，會負責傳遞至高之神宙斯的神諭，引領人類得知事物真相與未來。因此帕納塞斯山麓的德爾菲神諭所從西元前8世紀就備受重視，城邦的政治與外交等方針都會向神諭所請求指示。但是隨著西元4世紀末，基督信仰成為羅馬帝國的國教後，神諭所便遭到關閉。

最初建於西元前6世紀的神殿已經消失，現在的神殿是西元前4世紀重建的。

小知識　科林斯於西元前146年遭羅馬破壞，幸好西元前540年左右建築的阿波羅神殿等遺構都保存至現代。這座於西元前44年由羅馬重建的都市，在中世紀之後衰退，並於19世紀毀滅於地震當中。現今的科林斯市是1858年所建，位在舊科林斯市的東北側。

希臘黃金時代的終結 帕德嫩神廟建設引發混亂

●戰爭催生了直接民主制

西元前五二五年，波斯帝國的阿契美尼德王朝統一了全近東，卻面臨各大都市的反抗。西元前五〇〇年，位在小亞細亞的希臘殖民都市米利都陸續出現了大規模的起義。

眼見這個情勢的雅典便為叛軍助陣，與阿契美尼德王朝軍交戰並成功擊敗對方（波斯戰爭）。戰後，在軍船負責划槳的無產市民之間，興起了要求參政權的聲浪，因此成立只要是成年男子都可以參與政治的公民集會，至此雅典的直接民主制也宣告完成。

後來希臘為了對抗阿契美尼德王朝的侵略，由雅典領導建立提洛同盟。但是雅典司令官伯里克里斯將同盟資金挪用建設帕德嫩神廟，對此深感不滿的其他城邦便轉投以斯巴達為主的伯羅奔尼撒同盟。西元前四三一年便爆發了伯羅奔尼撒戰爭，使古希臘正式進入城邦間戰火不斷的時代，一路邁向渾沌。

〔 普尼克斯山丘的講壇 〕

雅典的公民集會最初辦在衛城山麓的阿哥拉，但是空間太過狹窄，所以西元前460年時改辦在普尼克斯山丘。

擴大容納人數

半圓形的普尼克斯山丘約可容納6千人，但是西元前5世紀末與西元前4世紀後半曾兩度改建，終於擴大至可容納1萬人的程度。

講壇

西元前4世紀後半設於會場中央的講壇，可供市民在此討論國政。伯里克里斯也曾在此演說過。

小知識 ｜ 斯巴達從7歲就要過著團體生活，12歲起就要接受嚴格的軍事訓練直至成年，課程中甚至包括殺死奴隸的教學。這就是「斯巴達教育」一詞的來源。現在的斯巴達遺址，是1834年重建在古都上方的。

26

⟨ 雅典的衛城 ⟩

雅典的衛城是在西元前五世紀，演變成現在所見的模樣。帕德嫩神廟於中世紀轉型成教堂，但是在鄂圖曼帝國時代又變成清真寺，後來又於1687年在威尼斯軍隊的攻擊下火藥庫爆炸而成為廢墟，直到1834年才逐漸修復成現在的模樣。

帕德嫩神廟

西元前432年完工，主祀的雅典娜雕像（高約9公尺）是以黃金與象牙製成，後殿行立有4根柱子，整座神廟環繞高約10.4公尺的多立克柱式。

雅典娜勝利女神神廟

西元前5世紀為了供奉勝利女神尼姬而建築，是前後各4根圓柱的愛奧尼柱式神廟。為了避免勝利飛走，供奉的木製勝利女神像沒有翅膀。

狄俄倪索斯劇場

每年春天，都會為了酒與戲劇之神狄俄倪索斯舉辦祭典並上演戲劇。現存的劇場是西元前4世紀用大理石重建的，約可容納17000人。

建築小故事

奧運的起源

西元前776年，古希臘舉辦了世界第一場奧林匹克大會，各大城邦都會派員參加這個每四年一次並會挑在農閒期的競賽，作為獻給奧林帕斯十二神中至高之神宙斯的宗教祭典，這段期間也會停戰。直到羅馬帝國將基督宗教提升為國教後，才廢止這個異教徒的宗教活動。

古代奧運會場奧林匹亞的遺址，賽道長度為1斯塔達（古希臘長度單位，約192.27公尺）。起初只有賽跑項目，第18屆（西元前708年）又引進6項競技（短跑與賽跑、鐵餅、跳遠、標槍和拳擊）。

小知識　當時雅典挖到銀礦，大量鑄造了銀幣，導致銀價下跌、金價高漲。波斯商人看準商機，便帶著金幣到希臘想大賺一筆，此舉導致波斯金幣外流，後來波斯為了止血而征戰希臘。

希臘文化的傳播中心 海港都市亞歷山卓

● 在各地建設希臘風都市

希臘世界陷入戰亂的時期，馬其頓王國的腓力二世聯合斯巴達以外的所有城邦，締結了科林斯同盟並親自擔任盟主，企圖侵略阿契美尼德王朝，卻於西元前三三六年慘遭暗殺。

西元前三三四年，其子亞歷山大三世（亞歷山大大帝）為了報復阿契美尼德王朝，率領馬其頓與希臘聯軍展開東方遠征，並於西元前三三〇年摧毀了阿契美尼德王朝。這趟遠征為他們構築了東至印度河、西至埃及的遼闊帝國。

亞歷山大大帝為求與波斯人融合，延續了阿契美尼德王朝的統治制度，並鼓勵異族通婚。此外也在各地建設希臘風的都市後命名為亞歷山卓，打造成軍事與交易據點。

希臘與近東的文化逐漸融合，進而帶來了希臘化時代。

馬其頓王國的首都佩拉

位在希臘第二大都市塞薩洛尼往西北約40公里處，創建時面向海洋。西元前5世紀～西元前4世紀因被馬其頓王其勞斯定為首都而繁榮，但是在羅馬帝國統治下的西元前1世紀因地震而衰敗。

狄俄倪索斯宅邸

經過考古挖掘後，西元前4世紀末的貴族宅邸陸續出土，復原了由數色小石頭製成的地板鑲嵌畫與愛奧尼柱式的圓柱。由於現場一幅地板鑲嵌畫描繪著希臘神話酒神狄俄倪索斯騎豹一景（由佩拉考古學博物館復原並展覽），故命名為狄俄倪索斯宅邸。

完善的道路與下水道

都市占地約400公頃，縱橫交錯的道路兼下水道，共同交織出棋盤狀的都市面貌。

彰顯國威的大宮殿

大宮殿中有數間餐廳圍繞著中庭，當時馬其頓人每逢戰後或狩獵後，都會在餐廳舉辦盛大的宴會。

在龐貝發現的「亞歷山大馬賽克（拿坡里國立考古博物館收藏）」，據信是臨摹自裝飾在佩拉王宮的繪畫。

都市南部可見羅馬時代的大眾浴場與工房遺跡等。

小知識

亞歷山大大帝遠征時，印度已經分裂成多個王朝，但是為了對抗希臘人而邁向統一。印度第一個統一王朝——孔雀王朝在西元前4世紀末逐漸強盛，第三任阿育王貫徹達摩（又稱「法」，為宗教術語），在各地設置刻有聖詔的石柱碑。

｛埃及的古代大都市亞歷山卓｝

亞歷山大大帝逝世後，帝國一分為三，分別是希臘的安提柯王朝、西亞的塞琉古帝國與埃及的托勒密王朝。托勒密一世自認為是正統繼承人，因此將亞歷山大大帝建設的亞歷山卓定為首都。

從燈塔變成要塞

西元前3世紀左右，托勒密一世在法羅斯島建造高達135公尺的大燈塔，燈光可傳至54公里遠，但是在14世紀因地震而倒塌。15世紀時馬木路克蘇丹國的國王奎貝在燈塔的遺跡建設了要塞。

奎貝堡

為了抵禦鄂圖曼帝國的侵略，利用燈塔下側的岩石底實座在此地建造。內部為3層樓建築，現在則為博物館。

世界上最大的圖書館

西元前3世紀，托勒密一世動員了5萬個人，打造研究機構Musaeum（英語 museum 的語源）與圖書館，藏書數量為古代最多，使亞歷山卓成為希臘化時代的中心地區。

2001年，為了重建4世紀末遭破壞的古代圖書館，而建造了新亞歷山大圖書館。

—— 外牆刻有世界各國的語言。

建築
小故事

希臘化時代的經典——
米洛的維納斯

1820年在米洛斯島發現的「米洛的維納斯像」，是足以代表希臘化時代的雕刻作品。這是西元前2世紀末時，按照西元前4世紀的古籍所製作的，材質為大理石，高度約214公分。法國的駐土耳其大使里維埃侯爵，將其獻給了法國國王路易十八，現在由法國羅浮宮收藏與展覽。

「足底至肚臍」與「足底至頭頂」的長度等各式各樣的部位，都遵循黃金比例1：1.618，可以看出創作者對美的講究。

小知識　將亞歷山大大帝之後的時代稱為「希臘化時代（Hellenismus）」的，是19世紀普魯士王國的歷史學家朵伊森。希臘人都自稱為「Hellēnes」，並稱自己的國土為「Hellas」，所以才依此命名。

羅馬人卓越技術的傳承 持續供水的維爾戈水道

● 為加快情報傳遞而整頓的街道

位在義大利半島中央部的羅馬，是西元前七五三年由拉丁人建立。並於西元前二七二年統一義大利半島，西元前一世紀征服馬其頓、希臘等地，就這樣成為地中海的霸者，然而戰火導致農地荒廢再加上從海外領土（屬州）引進便宜穀物，讓國內出現許多失去土地而沒落的農民（無產市民），因此才歷經一個世紀多就進入內亂時代，後來凱薩、克拉蘇與龐培的共同統治時代（前三頭同盟）、馬克安東尼、雷必達與屋大維的共同統治時代（後三頭同盟），於西元前二十七年由擊退政敵的屋大維成為實質上的皇帝。

領土如此遼闊，帝國為了使情報傳遞得以迅速傳遞，便建設街道連結主要城市，而這條情報傳遞通道於西元一一七年甚至達到八萬六千公里。羅馬帝國也修築十一條水道，其中西元前十九年完工的維爾戈水道於十五世紀修復，直至現代仍持續為特雷維噴泉供水。

現在仍運作中的維爾戈水道

羅馬市內共設有11條水道，分別是阿皮亞水道、舊安尼奧水道、瑪西亞水道、帖普拉水道、茱莉亞水道、維爾戈水道、阿露西埃蒂納水道、克勞蒂亞水道、新安尼奧水道、塔伊阿納水道、亞歷山大水道，其中維爾戈水道現在仍然運作中。

終點是特雷維噴泉

維爾戈水道的水源是阿屋內河，全長約20.8公里，終點是特雷維噴泉。羅馬帝國滅亡後就未再使用，直到15世紀由羅馬教宗尼古拉五世下令修復。

特雷維噴泉完工於1762年，中央有海神涅普頓雕像。

塞哥維亞輸水道

加爾橋

水道橋的建設

無法在地下挖掘水路時就會改建水道橋，留存至今的有石材與混凝土建的塞哥維亞輸水道（西班牙）與加爾橋（法國）等。

小知識　凱薩遭暗殺時曾說出「布魯圖斯，你也有份？」這句話，並隨著後世莎士比亞的戲劇《凱薩大帝》廣為流傳。如今銀塔廣場還保有凱薩遭暗殺的「龐培劇場（當時為元老院議事堂）」遺跡。

羅馬市民也瘋狂！娛樂場所「競技場」

失去土地並前往都市的無產市民，能夠獲得都市仕紳的積極協助。因為這些市民同樣擁有羅馬市民權（公民集會中的投票權），所以仕紳們會供應其「麵包（糧食）與娛樂（劍鬥士奴隸的競技）」，藉由公然買票的行為贏取支持。

抽乾皇帝尼祿的黃金宮殿基地內湖水所建。

羅馬競技場

完工於西元80年，是主要材料為混凝土的圓形競技場，長軸達188公尺、周長527公尺，最多曾容納5萬人。中央的橢圓形競技場會舉辦劍鬥士比武、劍鬥士與猛獸的格鬥等。

身分有別的觀眾席

出入口、通道與觀眾席均依身分分成5個階層，但是競技場於西元240年遇火災燒毀，所以現在會看見外露的地下通道。

建築小故事

慘遭破壞的迦太基

當時的義大利半島種不太出小麥，使羅馬帝國面臨缺糧危機，而迦太基統治的西西里島擁有肥沃土地，因此羅馬便於西元前264年發動第一次布匿戰爭，奪取第一塊屬州並確保了農業地帶。後來西西里島就成了帝國的糧食，讓帝國持續壯大，後來又與迦太基二度交戰，並於西元前146年摧毀迦太基。

羅馬軍隊破壞這個曾為迦太基據點的都市（現在的突尼西亞首都突尼斯近郊）後，建設成新的羅馬殖民都市。

能夠迅速傳遞情報的阿皮亞街道

羅馬帝國的領土遼闊，因此整頓了完善的道路，包括連接羅馬市與維蘇威火山山麓卡普阿的阿皮亞街道（後來延長至現在的布林迪西）等，這讓帝國內部的情報傳遞迅速，促進了勢力的拓展。當時的街道上每1羅馬里（約1.5公里），就設有高達2.4公尺的里程碑。

遭處十字架刑的劍鬥士奴隸

西元前73年，劍鬥士奴隸斯巴達克斯等約70人起義，追隨群眾多達7萬人，卻仍在西元前71年遭羅馬軍隊鎮壓，其中遭逮的6000人被綁在阿皮亞街道的兩側處以十字架刑。

小知識　羅馬都市的上下水道均相當完善，甚至已經有沖水馬桶（設在下水道上方）的存在，排泄後的穢物會沿著下水道排至台伯河。

羅馬帝國的遺產

統治整個地中海地區並聞名全球的強悍帝國古羅馬，在西元二世紀的五賢帝時代迎來全盛期，國土北至英格蘭群島、東至小亞細亞半島、西至伊比利亞半島、南至北非，並建立了許多在現代也很重要的主要都市，包括倫蒂尼恩（現在的倫敦）與盧泰西亞（現在的巴黎）等。各地的羅馬風巨大建築物，在在顯示了帝國的威嚴。

至今仍保有許多古羅馬時期的建築物，包括五大巴西利卡（羅馬教宗賦予特權的聖堂）之一的城外聖保祿大殿與供奉眾神的萬神殿、羅馬人的娛樂場所──羅馬競技場等。

古羅馬帝國的構造材當中，已經有用石灰、火山灰、海水與火山岩調和而成的「羅馬混凝土」。羅馬帝國的無數建築物能夠留存至今，便足以證明其構造強度之高。

羅馬市內的主要遺構

古羅馬廣場

古羅馬的政治、經濟與文化中心，保有元老院議場、審判與集會用的巴西利卡、神殿等。

卡拉卡拉浴場

皇帝卡拉卡拉建造的公共浴場，完工於216年，內部設施包括浴場、泳池、三溫暖、健身房與圖書館等。

萬神殿

意思是「屬於所有神靈的神殿」。在羅馬都市落成的每年4月21日，從天窗照入的陽光會照亮入口。高達43.2公尺。

君士坦丁凱旋門

古羅馬的將軍慶祝戰勝而建設了凱旋門，局部浮雕是取哈德良皇帝的建造物重新利用，高達21公尺。

羅馬市外的主要遺構

哈德良長城

為了抵禦北方民族，在羅馬北方邊境修建的長城，完成於126年。高度約4.5公尺、寬約2.5公尺，全長後來延伸至118公里左右。

迦太基

羅馬破壞迦太基後就建造了新的都市，包括公共浴場與圓形劇場等各式各樣的設施。

龐貝

79年維蘇威火山爆發後遭掩埋，並於1748年被世人發現，幫助現代人認識古羅馬人的都市生活。

羅馬帝國全盛時的國土範圍

羅馬

龐貝

黑海

裏海

迦太基　西西里島

地中海　亞歷山卓　帕邁拉

瓦盧比利斯

大萊普提斯

瓦盧比利斯

摩洛哥最大的羅馬遺構，據信於3世紀因橄欖交易而繁榮，仍保有凱旋門與神殿等。

大萊普提斯

利比亞的羅馬風都市，193年即位的異族皇帝塞提米烏斯・塞維魯斯就出自此地。

帕邁拉

因位在絲路途中而繁榮，保有神殿與劇場等羅馬建築樣式的遺跡。

小知識　羅馬帝國滅亡後，羅馬混凝土的製法也失傳，使後來的建築物以石塊推砌而主。現在最具代表性的水泥——波特蘭水泥，是1824年由英國發明。

慘遭帝國迫害的信徒悄悄聚集於地下墓穴

●卡帕多奇亞的地下城

基督信仰的創始者耶穌開始在羅馬屬州——巴勒斯坦傳教是西元二十九年左右，與十二名門徒一起傳教的耶穌，很快就吸引了大批信徒，結果遭羅馬總督與猶太教高層視為危險份子，並於三十年左右以煽動反羅馬運動的罪名逮捕耶穌，遭綁在各各他山十字架上處死。然而人們卻開始認為耶穌之死是為人類贖罪，因此後來便將耶穌視為救世主（Christus）並出現基督信仰。

後來基督信仰拓展到羅馬帝國全境，帝國逐漸重視這個新興宗教並祭出打壓手段，儘管如此，信徒們仍悄悄聚集在地下墓穴（Catacombs）延續著信仰之火，遭遇迫害反而使他們更加團結，最後跨越的階級與民族徹底滲透帝國，因此皇帝便決定改變方針，於三一三年頒布米蘭敕令認可了基督信仰，並於三九二年升格為國教。

⟨基督信仰的聖地──聖墓教堂⟩

位在耶路撒冷舊市街的聖墓教堂，據傳曾安放著耶穌基督的石墓。這座教堂是由天主教會、希臘正教會、科普特正教會等共用，為了避免各宗派的糾紛，鑰匙由伊斯蘭教徒管理。

破壞與重建

西元三三八年，羅馬的君士坦丁大帝建造了最初的聖堂。雖然於11世紀遭伊斯蘭勢力破壞，但是後來由拜占庭皇帝重建，並透過十字軍擴展勢力。

天主教教堂的圓頂

於1927年的地震後重建，現由希臘正教會做禮拜使用。

抹油的石板

據信這裡是安放耶穌基督的遺體塗抹聖油，並以亞麻布裹起的場所。設置於中世紀之後，現在的石板則是1810年設置。

傳說為了建設教堂而破壞古老的神殿時，找到了相傳耶穌基督遭釘十字架的各各他山岩石，因此將祭壇設置在正上方。

小知識　遍布各地的基督教堂，最初劃分為羅馬、君士坦丁堡、亞歷山大港、耶路撒冷、安條克這五大宗主教區。

❪設置在地底的宗教場所❫

基督教徒經常遭受羅馬帝國的迫害，幸虧羅馬官吏不會踏進地下墓穴，因此便偷偷躲在地下墓穴做禮拜。

地下墓穴（Catacomb）

原本Catacomb專指聖巴斯弟盎聖殿（羅馬）的地下墓穴，後來延伸成泛指所有地下墓所。目前羅馬市內已經發現了40處以上的地下墓穴。

聖潘克拉斯教堂的地下墓穴

西元6世紀奉羅馬教宗西馬克之命創建，坐落在年僅14歲就於4世紀殉教的潘克拉斯埋葬地。教堂下的地下墓穴即為潘克拉斯之墓。

凱馬克利地下城

相傳墳墓位在土耳其卡帕多奇亞的地下城，是基督教徒為逃離阿拉伯人迫害時居住的地方。目前已經發現卡帕多奇亞有36座地下層，其中之一的凱馬克利深達地下8層樓，約20公尺。

人們透過天井攝取外部空氣，通道之間則有石製圓門可抵禦入侵者。

地下城內除了住宅外，還有教室、學校、集會場、墓地、廚房與倉庫等。

歷史祕話

全球第一個將基督信仰視為國教的國家

基督信仰是在西元1世紀傳到位在西亞南部的亞美尼亞，2世紀末在使徒額我略一世傳教下，從君主梯里達底三世到許多國民都改投基督信仰的懷抱，並於301年將其設為國教（亞美尼亞使徒教會）。

亞美尼亞使徒教會的總部埃奇米阿津主教座堂創建於301年，經過數次改建後才在17世紀變成現在的模樣。

小知識 2019年在薩卡拉遺跡遺跡（埃及）挖出了受羅馬帝國統治時期（1～2世紀）的地下墓穴，從中發現融合埃及與希臘女神的伊西斯・阿芙羅黛蒂神像，證實了古埃及與希臘、羅馬文化的結合而備受矚目。

佛教最初的信奉對象 拾佛陀遺骨所建的窣堵坡

●佛像的誕生是受到希臘雕刻的影響

西元前一五〇〇年，古印度確立了延續至現代社會的種姓（瓦爾那）制度雛型，將人們依身分分成不同階級，最高級的是婆羅門（祭司），依序是剎帝利（軍事貴族）、吠舍（商人、工人等庶民）、首陀羅（奴隸）。

西元前七世紀左右，隨著恆河流域的開發，了拘薩羅國等都市國家，商業與工業發展到一定程度時，剎帝利與吠舍開始對婆羅門感到不滿，進而追求新的信仰。

因應而生的正是佛教。創始者喬達摩・悉達多（佛陀）認為人類只要行八正道（八種修行），就能夠脫離「生老病死」之苦。佛陀死後便由弟子口傳教諭。

最初的佛教禁止偶像崇拜，所以信仰目標就只有佛陀遺骨所在的窣堵坡（佛塔）。一世紀左右，西北印度的貴霜帝國受到希臘雕刻影響打造了佛像（希臘式佛教藝術），後來更傳到中國與日本。

《佛像登場前的信仰目標——窣堵坡》

印度中部桑吉山丘上的大窣堵坡（一號塔），原本是西元前3世紀由孔雀王朝阿育王打造的磚造塔，後來又於巽伽王朝（西元前2世紀～西元前1世紀）時代以石造窣堵坡覆蓋而成。高度約16.5公尺，直徑約36.6公尺。

石造托拉納
大窣堵坡周遭有4座托拉納（塔門），是西元前1世紀所建造，上面的浮雕刻畫了佛陀的前世今生。

法輪
代表永遠的真理與正義，現代的印度國旗也使用了法輪。

傘蓋
頂部有方形「平頭」，並有3層傘蓋（Chattra）。以前印度君主或貴族會由隨從持傘蓋遮日，為了象徵窣堵坡的高貴，在設計上亦使用了傘蓋。

半球型構造
既代表佛教徒的保護傘，也象徵將僧侶乞求布施用的缽倒過來覆蓋。

欄楯
圍繞著大窣堵坡的欄楯（Vedikā）能夠區隔俗世與聖域，新德里國會大廈（下圖）的欄楯，似乎就是仿效大窣堵坡打造。

小知識 巴基斯坦北部的法王塔，是西元前3世紀留下的佛教遺跡，有阿育王建立的佛塔遺跡（高約15公尺、直徑50公尺）等。

⦃建築在斷崖的阿旃陀石窟寺院⦄

位在印度西部德干高原的阿旃陀石窟寺院群，是挖掘斷崖所打造而成的，約有30座寺院，其中建設於西元前2～西元2世紀的列為前期，建設於5世紀中期～7世紀的則為後期。

1819年由狩獵老虎的英軍人發現。

祠堂與僧房

阿旃陀石窟寺院由祠堂（Caitya）與僧房（Vihara）組成，其中第9、10、19、26、29窟為祠堂，第26窟有印度最大的涅槃佛，剩下的都是僧房。

持蓮花菩薩像

第1窟內陣的「持蓮花菩薩像（西元6～7世紀）」受譽為障壁畫的最高傑作，也是日本法隆寺金堂壁畫的根源。

⦃佛教學校——那爛陀佛教大學⦄

笈多王朝（西元5世紀）在首都波吒釐城（現帕特納）近郊設立了那爛陀佛教大學，作為大乘佛教的研究機構。7世紀曾有數千名僧徒，唐僧玄奘也是其中之一，12世紀則遭伊斯蘭勢力破壞。

由寺院、僧房與擁有500萬冊藏書的圖書館組成。

建築小故事

中國三大石窟寺院

在印度創立的佛教於1世紀左右傳到中國，後來4世紀創建的敦煌石窟，與5世紀開鑿的雲岡石窟、龍門石窟並列中國三大石窟寺院，享有盛名。

龍門最大石窟是於唐朝（7世紀）完成，摩崖大佛高約17公尺，據信奈良東大寺的大佛就受其影響。

小知識　西元67年改信佛教的東漢第2任皇帝明帝，在首都洛陽近郊建立了白馬寺，據信這是中國最古老的寺院。

抵禦北方外敵的城垣
自秦統一建成萬里長城

● 第一個統一中國的王朝權威

古中國文明沿著黃河與長江等大河的流域發展，西元前七〇〇〇年左右出現最早的農耕聚落，西元前二〇〇〇年成立了最古老的王朝——夏朝。

歷經商朝與周朝後進入春秋戰國時代，齊、楚、秦、燕、韓、魏、趙七雄爭霸的結果，最終由秦國首度統一中國，秦王政也自稱始皇帝。

始皇帝為了鞏固統治體制，將全國劃分成三十六郡，郡下設縣，派遣中央官僚擔任郡令與縣令（郡縣制）。此外也統一各國相異的度量衡、貨幣與文字。

原本六國為了抵禦北方異族而建力的城牆，也在秦國統治下逐步擴建，成為今日萬里長城的前身。但是秦帝國在始皇帝死後就迅速衰落，於西元前二〇六年滅亡。後來繼承了楚國將軍血統的項羽與農民出身的劉邦爭奪霸權，西元前二〇二年劉邦打敗項羽，建立大漢帝國。

｛統治古代中國的商朝遺構——殷墟｝

商朝繁盛於西元前16～西元前11世紀。1928年之後，陸續在河南省安陽市發現了第19任商王盤庚至第30任紂王時期的都市遺構——殷墟。

車馬
商朝至春秋時代的戰爭主角是馬拉戰車，而殷墟車馬坑就展現了當時的軍隊陣列

青銅器的使用
從殷墟出土物可以判斷，商朝使用的是青銅器，項目包括武器、酒器以及超過1公尺的大鼎等，種類相當豐富

這座南北4公里、東西6公里的都市裡，擁有宮殿，警穴式住宅、工房與墓地等

使用甲骨文字
商朝在龜甲與牛骨上雕刻文字做紀錄，由於甲骨文上的國名、人名等紀錄都與《史記》所載一致，可以確認商朝是實際存在的王朝。

⟪ 為抵禦馬背上的民族而建——萬里長城 ⟫

萬里長城原本是西元前7世紀，各國為了抵禦北方異族所修建的城牆，後來由始皇帝進行大規模擴張、增建與改建。

**秦帝國的
萬里長城**

秦朝長城的總長度約4000公里，西達臨洮、東至遼東，花了10年並動員80萬人才完工，設有城牆、關隘與烽火台。

秦朝的長城僅用泥土固定，明朝的長城則在土牆外用糯米灰漿接合燒製磚塊補強，因此更加堅固。

**明朝的
萬里長城**

現在的長城是明朝所建，位置與秦始皇時期的長城不同，總長約8800公里，城牆高度約7公尺。各關卡所在城市的入口都設有市集，藉此與北方民族交易。

瞭望樓

兼具烽火台、要塞、住宅、糧食與武器倉庫等功能。

⟪ 彰顯始皇帝權威的兵馬俑坑 ⟫

秦始皇生前就開始為自己修建陵墓，歷經38年的歲月並動用1天70萬人的囚犯才完成。1974年發現了馬俑碎片後，又挖出了8000尊等身大的士兵俑，可以想見秦始皇手握多麼大的權力。

守護靈魂的軍團

據信這些等身大的士兵與軍馬，是為了守護始皇帝靈魂而存在的軍團。每一尊的臉部輪廓都不同，可以看出當時的秦國軍隊是由漢民族與北方民族等組成的混合部隊。

形形色色的人像出土

除了士兵與軍馬外，還有官員、馬匹與馱藝者等人像出土，並發現了青銅天鵝與青銅鶴等。

面向東邊的理由

據信兵俑全部面向東側，是因為當時秦國的敵國位在東邊所致。

陵墓從西元前246年開始打造，到了始皇帝死後的西元前209年才幾乎完成

小知識

中國的英文之所以為「China」，是因為西方稱秦為「Chin」的關係。
／秦朝首都——咸陽位在現在西安市的西北側、渭水的北岸，目前挖出的成果中，可確認南北11公里、東西15公里的範圍內，有著始皇帝執政等的宮殿區、庶民的住宅區與商業區。

第2章

中世紀

法國歷任國王長眠之所 以巴黎主教為名的聖殿

● 皈依羅馬的國教而獲得支持

西元三九五年，羅馬帝國分裂成首都為君士坦丁堡（現在的伊斯坦堡）的東羅馬（拜占庭）帝國，與首都為羅馬的西羅馬帝國。相較於後來繁榮一千年以上的拜占庭帝國，西羅馬帝國延續八十年就步向滅亡，造成滅亡的一大原因就是日耳曼民族的大遷徙。

地球在四世紀開始變得寒冷，再加上亞裔游牧民族匈人西進，迫使日耳曼民族進入西羅馬帝國境內。到了五世紀，西羅馬帝國的土地幾乎被日耳曼民族占據，在四七六年滅國。日耳曼民族瓜分西羅馬帝國土地後分裂成數個王朝。法蘭克王國墨洛溫王朝的克洛維一世，原先信仰第一次尼西亞公會議時仍被視為異端的亞流教派，後來改宗崇尚正統教義的亞他那修教派，其統治獲得羅馬人支持，勢力慢慢壯大。克洛維一世逝世於五一一年，原本埋在其創建的聖女日南斐法修道院，後來改葬巴黎郊外的聖德尼聖殿。

「馬可・奧里略圓柱」與日耳曼民族的戰役

羅馬皇帝馬可・奧理略過世後的180～193年，其子康莫德斯皇帝為讚頌父親的偉業，在現在的圓柱廣場豎立起高30公尺的圓柱，上面的浮雕刻著羅馬人與日耳曼民族的戰役。

雕像的變化

原本圓柱頂端設有馬可・奧理略的青銅像，卻在中世紀消失，並於16世紀末改成聖伯多祿像。

馬科曼尼戰爭

西元2世紀後半，馬可・奧理略打敗了入侵北義大利的日耳曼部落的馬科曼尼人，並在前線基地——卡農圖姆撰寫了第2本《沉思錄》。

小知識 西元542年，克洛維一世之子希爾德貝特一世創建聖克呂尼聖文森（聖日耳曼德普雷修道院）修道院，作為自己日後的陵墓，後來墨洛溫王朝的國王也都葬在此地。但是7世紀時達戈貝爾特一世選擇埋葬在自己出資修建的聖德尼聖殿，後來這裡就成了歷代法國國王的陵墓。

﹛歷代法國王室陵墓──聖德尼聖殿﹜

位在巴黎北郊的聖德尼聖殿創建於5世紀，現存的建築物是於12～13世紀增建，也是哥德式建築的起點。1789年於法國大革命時遭到破壞，並於1846年修復。

克洛維一世的改宗

當時的羅馬帝國，足以年第一次尼西亞公會議中視為正統的保世耶穌教派，但是日耳曼民族幾乎都是亞流教派的信徒。克洛維一世於496年改信與他那些耶穌教派，與羅馬人構築了良好的關係。

法國漢斯的聖雷米大教堂浮雕。當年克洛維一世是在漢斯教堂受洗，而為他施洗的聖雷米（雷米吉烏斯）就葬在此處

內部分成一般信徒使用的空間，與修士專用的空間。

長眠於聖德尼聖殿的法國國王

聖德尼聖殿裡約有20具19世紀前的法國王族棺木，包括克洛維一世，被視為太陽王的路易十四，在法國大革命中被處死的路易十六與瑪麗安東尼等。

以前正面左側有尖塔，因為有崩塌的危險，於1846年撤除。

﹛東哥德王國建國者狄奧多里克的陵墓﹜

西元489年，日耳曼人之一的東哥德族狄奧多里克大帝入侵義大利，打敗奧多亞塞軍後建立了東哥德王國。520年在首都拉溫納為自己建造陵墓，過世後也確實埋葬在該處，卻因為信仰被視為異端的亞流教派，所以遺體於561年遭撤。

特徵是直徑約10公尺、重達230噸的天花板，是用伊斯特里亞半島（位於亞得里亞海東北岸）產的巨岩打造，內部目前僅剩石棺。

小知識　許多羅馬人在匈人侵略下，逃到威尼斯諸島避難，進而形成現代威尼斯的雛型。

繼承西羅馬帝國遺產聖伯多祿大殿的加冕大典

● 法蘭克國王成為西羅馬帝國皇帝

克洛維一世逝世後，墨洛溫王朝的王權逐漸衰退，西元七五一年在羅馬教宗聖匝加利亞的支持下，卡洛林家族的不平三世廢除墨洛溫王朝，改創建法蘭克王國的卡洛林王朝。而做出如此決定的正是羅馬教會，因為當時與拜占庭帝國對立的羅馬教會，渴望像以往西羅馬帝國般的後盾。

不平三世亦響應羅馬教會的期望，於七五六年從倫巴底王國手中奪得北義大利的拉溫納地區並獻給羅馬教宗，而這就是羅馬教宗領的起源。

到了不平三世之子——查理一世（又稱查理大帝或查理曼）的時代，西歐已經幾乎統一了，法蘭克王國的國土也擴張到現代的法國、德國與北義大利。八○○年，羅馬教會認為查理一世非常適合成為西羅馬帝國的繼承者，因此便在聖伯多祿大殿授與西羅馬帝國皇帝的皇冠，使西羅馬帝國正式復活。

〔 聖伯多祿大殿與「查理曼的加冕」 〕

西元800年，坐落在梵蒂岡山丘的聖伯多祿大殿，在舉辦聖誕彌撒時，由羅馬教宗聖良三世將西羅馬帝國皇帝的皇冠，戴在查理一世的頭上。

建築在聖伯多祿（聖彼得）的墳墓上

位在326年遭行刑的聖伯多祿墓上，1377年成為教宗的寶座所在地，但是卻在15世紀時老朽損壞，直到1626年才形成現在的模樣。

佛羅倫斯聖殿的影響

米開朗基羅在設計聖伯多祿大殿時，曾參考佛羅倫斯聖母百花聖殿（→P81）的磚造圓頂。

西元1世紀從埃及傳進來的方尖碑，設立在傳說聖伯多祿遭倒掛十字架的方式釘死處。

直徑42公尺、高度136公尺

高44公尺、寬115公尺的立面是卡洛・馬代爾諾的設計，完工於1614年。

歷史祕話

發生在圖爾與普瓦捷之間的戰役

西元8世紀，阿拉伯倭馬亞王朝藉吉哈德（→P48）將勢力從伊比利亞半島拓展至法國西南部，並於732年遭墨洛溫王朝宰相——卡洛林家族的查理曼・馬特擊退（圖爾戰役，又稱普瓦捷戰役），其子不平三世奠定了卡洛林王朝的基礎。

小知識 卡洛林家族原本的責任是為墨洛溫王朝治理國家，此外查理曼也為文化振興帶來莫大貢獻，包括在國境內的修道院增設圖書館等。

長眠於亞琛大教堂的查理曼

西元794年，查理曼在亞琛（德國）建立宮廷，並於805年建設宮廷禮拜堂（亞琛大教堂）。雖然後來宮廷損毀，但是禮拜堂於14～15世紀增建並保存至現代。

查理曼的後事

西元814年以71歲高齡逝世的查理曼，就葬在大教堂裡，遺骨也保存至今。

皇帝的加冕儀式

亞琛大教堂於10～16世紀之間，為神聖羅馬帝國的30位皇帝舉辦過加冕儀式。

查理曼的寶座

查理曼在彌撒時使用的寶座仍保留至今，並在後世的加冕儀式中都有派上用場。

中世紀歐洲的封建體制

中世紀歐洲的封建制度發達，臣子會以騎士的身分侍奉君主，君主則會賜予土地與該地的統治權以作為回報。成為土地領主的騎士，平時居住在城牆圍繞的堅固城堡裡，戰爭時則必須重披戰袍並騎上馬匹為君主而戰。

中世紀最大的城市——要塞都市卡爾卡松（法國）
圍繞著城鎮的城牆長達1.5公里，城牆上設有53座防禦塔，防備相當牢固。

歷史秘話　法國、義大利與德國的雛型

西元843年，卡洛林王朝統治下的法蘭克王國，分裂成西法蘭克、中法蘭克與東法蘭克這三個王國。870年，中法蘭克王國將北半邊割讓給東西法蘭克王國，形成現代法國、義大利與德國的雛型，而三個王國都在10世紀滅亡。後來，西法蘭克王國的巴黎伯爵雨果·卡佩創立了卡佩王朝；東法蘭克王國則由薩克森公爵海因里希一世創立奧托（薩克森）王朝，第二代國王奧托一世從羅馬教宗若望十二世手中獲得西羅馬皇帝的皇冠，並成立了神聖羅馬帝國。

小知識　米開朗基羅是於1546年負責聖伯多祿大殿的建設，當時已經超過70歲的米開朗基羅將其視為「為神奉獻」所以分文不取，但是圓頂是在米開朗基羅過世後的1591年完成。

伊斯蘭先知夜行登霄之所 穆斯林的聖地岩石圓頂

● 分成遜尼派與什葉派的原因

伊斯蘭教的創始者穆罕默德，誕生在阿拉伯半島西岸的麥加。約在西元六一〇年，他在希拉山獲得唯一真神阿拉的啟示，並以先知身分傳播教義，受到麥加統治階層迫害，因此在六二二年移居馬迪納。六三〇年，穆罕默德無血占領麥加，定為伊斯蘭教聖地，並於六三二年統一阿拉伯半島，同年逝世。人們認為其靈魂正是經由耶路撒冷的岩石圓頂前往天堂。

信徒選出阿布巴克爾作為第一任哈里發（穆罕默德的繼承者），至第二任哈里發歐麥爾，發動吉哈德（聖戰）占領伊朗、伊拉克、敘利亞與埃及。但是第四任哈里發阿里被暗殺後，曾為敘利亞總督的倭馬亞家族穆阿維亞奪走哈里發之位，建立倭馬亞王朝。重視穆罕默德聖行（Sunnah，音譯為遜尼）與《可蘭經》教諭的信徒認可穆阿維亞的正統性（遜尼派），只承認阿里子孫為正統繼承者的信徒（什葉派）則與之對立。

伊斯蘭教的初期建築──岩石圓頂

西元691年，倭馬亞王朝的哈里發──阿卜杜勒・麥利克在一神教的聖地耶路撒冷，建造了伊斯蘭教的象徵「岩石圓頂」，這並非做禮拜用的清真寺，而是祭祀著神聖岩石的紀念館。

拜占庭樣式
阿拉伯部族是沙漠的子民，缺乏建築知識，因此阿卜杜勒・麥利克便聘請拜占庭帝國的建築師為他們打造岩石圓頂。

刻在外牆的可蘭經
由鄂圖曼帝國的蘇萊曼一世，於16世紀嵌上的藍色陶製磁磚，最上方則刻著《可蘭經》的內容。

受圓頂覆蓋的神聖岩石
第二任哈里發歐麥爾於西元638年拿出的神聖岩石來源眾說紛紜，包括這是《舊約聖經》先知亞伯拉罕將兒子以撒獻給神時使用的岩石、穆罕默德為見阿拉而展開「夜行登霄」的場所，以及曾為希律王神殿的至聖所等。

小知識　先知，是指獲得神諭後將其轉達給世人者。伊斯蘭教的聖典《可蘭經》，記錄穆罕默德轉述的阿拉話語。／伊斯蘭曆將穆罕默德移居馬迪納的622年7月16日作為紀元元年1月1日。

伊斯蘭教最大的聖地——天房

穆罕默德於622年移居馬迪納時，仍會朝著耶路撒冷禮拜，但是624年就改朝向麥加的天房。630年控制麥加的穆罕默德排除「黑石」以外的偶像，自此天房就成為伊斯蘭教的中心。

最初的聖域

根據《可蘭經》記載，麥加的天房是亞伯拉罕與其子以實瑪利在地面上建設的第一個神廟。

直方體的石造建築

以花崗岩打造的天房寬12公尺、深度10公尺、高達15公尺，東角上鑲埋著黑色的光滑岩石，又稱「黑石」。

一天進行5次禮拜

穆斯林每天必須朝著天房的方位禮拜5次，且一輩子至少應前往麥加巡禮一次，這時會與眾多穆斯林繞行天房7圈。

印在伊朗紙幣上的何梅尼肖像。

歷史祕話

何謂十二伊瑪目派？

什葉派的信徒視第4任哈里發——阿里與其後代為伊瑪目（教長），十二伊瑪目派是什葉派的最大派系，他們認為世界末日降臨時，自874年起就隱遁的第12任伊瑪目——阿布・卡西姆（人稱「穆罕默德・馬赫迪・蒙塔扎爾」）將現身拯救世人（隱身的伊瑪目）。在第12任伊瑪目「隱遁」期間，伊斯蘭法學者會代替他引導世人。1979年伊朗革命的指導者何梅尼，也是什葉派的法學家。

小知識　什葉派認為穆罕默德的堂弟兼女婿——阿里才是正統繼承者，不認同其他任哈里發的正統性。第4任哈里發——阿里之子海珊於680年，在伊拉克中部的卡爾巴拉與倭馬亞王朝軍交手並戰死沙場。後來建造在該地的阿里陵墓與陵墓所在的卡爾巴拉，就成為什葉派的聖地。

陸地與海洋的貿易樞紐 阿拉伯的百萬都市巴格達

● 陸海均看得到伊斯蘭商人的身影

倭馬亞王朝同樣積極發動吉哈德（聖戰），勢力範圍東達中亞至印度西北部、西則拓展至北非，並將首都設在大馬士革。西元七一四年，第六任代哈里發韋立德一世投入整個帝國財庫建造奧米亞大清真寺。

但是倭馬亞王朝實施阿拉伯人優先主義的政策，對阿拉伯裔穆斯林採取喜捨（Zakat）制度，非阿拉伯裔穆斯林（馬瓦里）則課以地租（Kharaj）或人頭稅（Jizya），導致政變頻繁。後來阿布・阿拔斯推翻了倭馬亞王朝，並建立了阿拔斯帝國。

阿拔斯帝國於七六二年建設新都，也就是現在以伊拉克首都聞名的巴格達。伊斯蘭商人以此為中心，商業行為遍布中亞、非洲、印度與東亞，形成遼闊的交易網絡，位處陸海交會點的巴格達因此繁榮，到了第五任哈里發──哈倫・拉希德的時代，巴格達的人口已經超過一百萬人。

現存最古老的奧米亞大清真寺

西元750年倭馬亞王朝滅亡，宮殿等遭到破壞，僅留下位在敘利亞大馬士革的奧米亞大清真寺。

從教堂轉變成清真寺

伊斯蘭勢力於635年征服了拜占庭帝國的大馬士革，接收了位在舊市街中心的聖約翰教堂一部分，並將東半邊設為清真寺。後來倭馬亞王朝第6任哈里發──韋立德一世才將整間教堂改建成清真寺。

現在是石造建築，但是最初是木造建築。

中庭為大理石鋪裝。

禮拜室

137公尺×37公尺的禮拜室南側基卜拉牆中央，設有標示麥加方位的米哈拉布（壁龕），旁邊的階梯則可通往哈里發位在基卜拉牆後方的宮殿，方便其進出禮拜室。

小知識　西元751年，阿拔斯帝國在怛羅斯河畔打敗了唐軍，由於俘虜士兵中有知道造紙技術的人，使紙張傳入伊斯蘭世界。／巴格達坐落在底格里斯河流域，其中圓城內側有宮殿與官員住宅區等，隔著運河的外側則是一般市民的住宅區。

48

〔阿拔斯帝國的遺構——烏海迪爾宮殿〕

巴格達曾為直徑約2.3公里的圓城，但是幾乎沒有留下任何遺構，位在巴格達南部沙漠的宮殿烏海迪爾，是阿拔斯帝國時代僅存的歷史遺跡。

8世紀建造

烏海迪爾宮殿是第一代哈里發——阿布・阿拔斯的外甥爾撒・本・麥爾彥於788年建造的。

爾撒擔心被哈倫・拉希德暗殺，所以打造了堅固的要塞。

堅不可摧的防禦力

總長688公尺的外城牆裡面，還有總長388公尺的內城牆，宮殿則位在內城牆裡面。

舉辦儀式的中庭

30公尺×34公尺的中庭會用來舉辦儀式，設有屋簷的拱廊裝飾使用了素燒磚，這是伊斯蘭建築第一次使用這種建材。

歷史祕話　瑪利國王豪華絢爛的麥加巡禮

1230年左右，馬林卡族在現在馬利共和國處建立的馬利帝國，是因為出口金子、象牙與岩鹽等而繁榮的伊斯蘭王朝。根據阿拉伯裔地理學家阿里・巴克里研究，馬利帝國的國王們原本信仰的是其他宗教，後來受乾旱所苦而皈依伊斯蘭教。1324年，曼薩穆薩國王帶著6萬人以上的隨從前往聖地麥加巡禮，據說他攜帶了約15噸的黃金，使黃金國度馬利這個名聲傳到了歐洲。

身為馬利帝國與桑海帝國交易都市而繁榮的廷巴克圖。

小知識　西元909年在突尼西亞開戰的法蒂瑪王朝（伊斯瑪儀派，什葉派的分派），於969年征服埃及並建設了首都開羅，970年建設了愛資哈爾清真寺，而附設的伊斯蘭學校（Madrasa）則是現在的愛資哈爾大學，是遜尼派的教育機構。

基督信仰與維京藝術結合
挪威的博爾貢木板教堂

九世紀，日耳曼人其中一支的諾曼人，開始在波羅的海沿岸活動。他們是「vik（海灣）」所以衍生出「維京（Viking）」這個稱呼。他們的活動據點本來在北歐的斯堪的納維亞半島與日德蘭半島，但是隨著人口增加、氣候變動，耕地和糧食逐漸不足，因此開始向外侵略（第二波日耳曼民族大遷徙）。

西元八六二年，留里克率領諾曼人的其中一支「羅斯人」以諾夫哥羅德為據點建立了諾夫哥羅德公國。九世紀後半遷都至基輔，並建立了基輔大公國，據信為現代俄羅斯的起源。

九一一年，另一支諾曼人在西法蘭克王國北部建立諾曼第公國；一○一六年，丹人克努特大帝攻陷英格蘭，開啟丹麥王朝時代。後來克努特大帝的勢力拓展到北海至波羅的海，兼任丹麥與挪威兩個王國的國王。挪威現存木造教堂中最大的博爾貢木板教堂，正是維京時代留下來的文化資產。

挪威的中世紀 博爾貢木板教堂

博爾貢木板（木造）教堂是12世紀獻給聖安德肋所建，融合了基督信仰與維京文化，形成相當獨特的教堂。

傳進挪威的基督信仰
基督信仰是在哈康一世統治的10世紀傳進挪威，當時拆除古老神殿打造了木造教堂。

維京時代留下的文物
龍頭的裝飾源自於維京船隻（必備的降魔雕刻）

入口上方的屋頂皆設有十字架。

內部沒有裝飾，僅設有簡樸的祭壇與講台。

教堂西門廊有龍與蛇交纏的雕刻，據信是源自於維京藝術。

小知識　提到維京多半會聯想到「海盜」，但是其實有不少維京商人透過水上交易網絡致富。挪威的不凍港——卑爾根港從維京時代就是維京商人的活動據點，14～18世紀都是繁榮的貿易中樞。

❴ 維京的生活 ❵

維京人會乘著木製維京長船進行長距離航海，平常就住在長屋裡從事農活與漁業。

維京長船

配置有帆與 20～60 支船槳，運行速度相當快，只要水深達 1 公尺就能夠航行，因此除了海洋外還可以在內陸河川自由行動，此外船寬足以載運馬匹。

西元 982 年跨越大西洋到達格陵蘭。

有權者逝世後會以船為棺。

挪威奧斯陸的維京船博物館裡，展覽了 1903 年發現的 3 艘豪華船等。

修復的長屋

丹麥發現並修復了 10 世紀的維京聚落——特雷勒堡型堡壘。圓形的土壘上建有共 16 棟長屋，推測這裡的主要用途包括交易等，並住有 1000～1500 人。

建築物在設計時使用的長度單位，是古羅馬人用的羅馬尺（29公分）。

維京博物館

挪威羅弗敦群島的維京博物館，還原了全長 83 公尺、寬 12 公尺的長屋。

居住空間

沿著木板牆壁配置的長凳，是睡眠與用餐等的場所，該處比土質地板高了一階，地板是用木板搭成。

料理與取暖用的火爐，經常焚燒著火焰。

泥土地面。

西元 8 世紀末，維京人進入了愛爾蘭，並在利菲河沿岸建設了後來通往都柏林的堡壘都市。維京人的活動範圍相當遼闊，據說 1000 年左右甚至曾經從加拿大的海岸登陸，並在該處發現了葡萄，所以一開始稱其為「文蘭（葡萄之鄉）」。

小知識

中世紀政教之爭的高潮 皇帝備受屈辱的卡諾沙之行

●東西教會大分裂，皇帝與教宗的對立

羅馬帝國東西分裂之後，羅馬教會與君士坦丁堡教會為了爭奪主導權而加深對立。一〇五四年，羅馬教宗良九世與君士坦丁堡普世牧首米海爾一世互相處以破門之刑（驅逐出教），史稱東西教會大分裂。

當時神聖羅馬帝國的皇帝有權直接任命聖職者，並挾此權控制教會，因此教宗與皇帝之間也掀起爭奪教會聖職者敘任權的對峙（敘任權之爭）。在一〇七六年，羅馬教宗額我略七世在沃爾姆斯帝國議會中，宣布對神聖羅馬皇帝海因里希四世處以破門之刑。

德意志地區的諸侯想藉機壓抑王權，決議假若海因里希四世無法於隔年二月二日前獲得教宗的原諒就必須廢位。皇帝不得不冒著一〇七七年一月的大雪前往教宗所在的卡諾莎城堡，花了三天終於求得教宗撤回破門之刑（卡諾莎之辱）。此事使得教宗權威高漲，並且在十三世紀依諾增爵三世的時代迎來巔峰。

教會改革運動中心的克呂尼隱修院

西元10世紀，教會腐敗（販售聖職等）顯著，以法國克呂尼隱修院為主的教會革新運動，對同修道院出身的教宗額我略七世改革帶來莫大影響。

曾是基督宗教建築中最大的一座
西元910年由第一代院長聖伯爾諾等12位修士創建，後來更擴張成基督宗教建築中最大的一座，但是19世紀初期就遭拆解，現在僅剩下第3聖堂南袖廊的一部分。

重視勞動與祈禱的修道院
遵守聖本篤於6世紀訂下的戒律，重視勞動與祈禱的修道院屬於本篤會，其中最具代表性的就是克呂尼隱修院與熙篤會。

法國大革命期間的1790年，商人文森傑尼昂用50萬法郎收購修道院後拆除並販售建材。

小知識　受到東西教會大分裂影響，君士坦丁堡教會也與羅馬天主教會分道揚鑣，正式成立東方正統教會，直到1965年才互相解除對彼此的破門之刑。

⟨ 位在北義大利的「卡諾莎之辱」舞台 ⟩

1076年，遭教宗額我略七世判處破門之刑的神聖羅馬皇帝海因里希四世於隔年1月，在卡諾莎城堡主人托斯卡納女伯爵——瑪蒂爾達與克呂尼隱修院院長雨果協助下向教宗謝罪。

為什麼會選在卡諾莎城堡？

議會接受了海因里希四世的破門之刑，並決定要於1077年2月在德意志的奧格斯堡開會選出新皇帝。額我略七世在前往議會的途中得知海因里希四世帶著軍隊朝著北義大利前進，所以就躲進卡諾莎城堡避難。

卡諾莎城堡

位在義大利北部的亞平寧山上，是卡諾莎家族的阿達爾貝托・阿托所建，參與這場卡諾莎之辱的城主——托斯卡納女伯爵瑪蒂爾達是阿達爾貝托・阿托的曾孫女，現在的城堡還保有建造時的吊橋與聖阿波羅尼亞修道院等。

山上的博物館可見到城堡遺橋。

⟨ 逃跑的額我略七世 ⟩

卡諾莎之辱後重奪勢力的海因里希四世，壓制了反對派諸侯，並於1081年進攻義大利。當時躲在聖天使城堡的額我略七世，在諾曼人傭兵的協助下成功逃跑，最後卒於薩萊諾。

聖天使城堡曾是皇帝的陵墓

羅馬皇帝哈德良於135年為自己打造的陵墓，成為歷任羅馬皇帝專用陵墓後就逐漸轉變成要塞型態，到了中世紀更成為教宗的避難所、監獄與刑場，也是電影《羅馬假期》與歌劇《托斯卡》的舞台。

據信西元590年，羅馬教宗額我略一世祈求鼠疫減緩時，天使米迦勒降臨於城塞上，故取名為聖天使（Sant'Angelo）。

小知識 1122年，神聖羅馬皇帝海因里希五世與羅馬教宗加理多二世各讓一步，以沃爾姆斯宗教協定約定敘任權歸教宗，皇帝則有權將領地賜給德意志境內的教會與修道院，為這場敘任權之爭暫時拉下帷幕。

聖地收復帶來商業復興 城牆圍繞的自治城市興起

● 儘管聖地收復失敗，卻活絡了東方貿易

十一世紀，中亞崛起的土耳其裔伊斯蘭帝國塞爾柱王朝，占領了基督信仰的聖地耶路撒冷，並侵略了拜占庭帝國的領土。拜占庭皇帝向羅馬教宗求援後，一○九五年的克萊芒會議決議對伊斯蘭勢力發動聖戰，隔年便為了收復聖地而派出第一波十字軍。

儘管第一次十字軍東征成功奪回耶路撒冷，卻在穆斯林的反擊下陷入更悽慘的狀態，結果聖地於一一八七年再度遭奪。儘管十字軍最終沒能收復聖地，卻因此促進東西交通，威尼斯等義大利北部的各大都市與伊斯蘭商人的交易活絡，也就是俗稱的東方貿易（黎凡特貿易）。經濟發達的都市終於獲得自治權，使歐洲各地都出現了自治（自由）都市。一二一五年，德意志南部的訥德林根從神聖羅馬皇帝手中獲得城市權，形成了以教堂為中心並受城牆包圍的模樣，而這幅中世紀城市景色也完整保留至今。

中世紀都市訥德林根

德意志南部的都市訥德林根首次在史料中登場是9世紀，13世紀成為直屬皇帝的自由城市（帝國都市），擺脫領主的掌控。

受到城牆圍繞

城牆總長為十公里，居民會在城牆上的巡邏通道巡邏出巡。

聖喬治教堂

座落在城市中心的教堂，都建於15世紀初期，而市政的公務員……三者靠皆停靠斯奉因現存有高約90公尺的鐘塔。

行會鬥爭爆發

自由都市的商人為了爭取政治的權益，與擁城行會（公會）影響市政，到了13～14世紀中上升地也造成行會並改了與市政。

小知識 薑、椰棗與砂糖等食物隨著十字軍東征傳到西方世界，當時威尼斯與熱拿亞等義大利都市的商人，會利用載運士兵的船隻順便帶回辛香料與絲綢等商品以賺取利益。

敍利亞的十字軍據點——騎士堡

十字軍建築的騎士堡位居要地，就在地中海前往聖地耶路撒冷路上的荷姆斯山丘上。1142年由聖約翰騎士團接手，經過修建後更加堅固，但是仍於1271年遭馬木路克蘇丹國攻陷，後來進一步改建成更牢固的要塞，禮拜堂也變成了清真寺。

英國作家勞倫斯·愛德華·勞倫斯（阿拉伯的勞倫斯）讚此為「保存狀態良好，是世界首屈一指的城堡。」

太陽到傍晚時的色差，牆上越有凹凸，營有照下越多層層的陰影。

雙層城牆
外城牆設有箭窗，當敵該處時藏其中間。

水道橋
當雨部引入溪水後會存放在水窖或1000座公共的蓄水槽，發生所圍時並非具退時中的功能。

內城牆圍繞著居住空間
設有集會所、禮拜堂、市場、澡堂等，乎底了1000世馬。

建築小故事

海洋國家威尼斯

從日耳曼民族侵略中逃離的人們，於5世紀左右在潟湖建立了都市，並形成後來的威尼斯。採共和國制度的威尼斯沒有國王，會以選舉選出的元首與貴族執政，在中世紀因東西貿易而繁榮。1202年的第四次十字軍東征主導權就握在威尼斯手中，甚至藉此征服了拜占庭帝國的首都君士坦丁堡，並協助建立了拉丁帝國。後來於1381年戰勝競爭對手熱拿亞，以東西方交易核心之姿邁向富強時代。

有「亞得里亞海女王」之稱的威尼斯，現在面臨地層下陷的危機。

小知識　12世紀初期，通往聖地耶路撒冷的路徑就一直在伊斯蘭勢力的掌控下，使其他國家無法順利巡禮。相傳衣索比亞的基督信仰國家——札格維王朝第7代國王拉利貝拉在這時夢見了神，神表示要將此地作為第2個耶路撒冷，因此便建造了拉利貝拉岩石教堂。

完善的驛傳制與運河 建構橫跨歐亞的貿易網

● 連結了絲路、草原之路與海路

在西歐忙著十字軍東征時,蒙古高原的成吉思汗(鐵木真)也一統各部族,並於一二〇六年建立了蒙古帝國。他帶著強大的騎兵征戰了遼闊領域,從朝鮮半島至俄羅斯與伊朗都收入囊中。

第五任蒙古大汗——忽必烈將首都從哈拉和林遷至大都(現在的北京),並將國號改成大元。一二七六年滅掉南宋,統一了中國。

忽必烈為了統治遼闊的領土,打造了名為「站赤」的驛傳制,同時也著手運河的修築與新運河的建設,並整頓東海沿岸的航路。就這樣串連了絲路、草原之路與海路,組成海陸通吃的貿易路線,建立橫跨東亞與歐洲的一大交易網絡。

蒙古帝國對信仰相當寬容,允許不同宗教共存,因此帝國官員郭守敬得以運用伊斯蘭天文學,在各地打造觀星台(天文台)並制訂授時曆(太陰太陽曆)。

蒙古帝國的首都哈拉和林

成吉思汗逝世後由第三個兒子窩闊台汗繼承霸業,他將蒙古高原南部的哈拉和林打造成首都,並建造了中國風的都市,可惜帝國在遷都至大都後開始衰敗。並於1585年建設了藏傳佛教的據點——寺院光顯寺。

蒙古最古老的藏傳佛教寺院

以哈拉和林城所遺留的建材與石碑建成,曾經擁有60多座殿堂,現在僅剩11座。

宮殿、居所與宗教施設

蒙古帝國時代的哈拉和林城受到城牆圍繞,宮殿、官員與工匠的居所、為各地使節打造的宗教設施等都在此處。但是蒙古大汗不會一直待在首都,而是帶著兵營隨四季在游牧地區內四處移動。

龜趺為帝國遺構

蒙古帝國幾乎沒有留下任何遺構,僅剩下曾為碑文底座的花崗岩製龜趺。

成吉思汗逝世後,後人遵從遺言藏起他的陵墓,也未設任何墓碑,因此現在無人知曉其埋葬處。目前認為可能性最高的,就是成吉思汗出生的不兒罕合勒敦山一帶。

小知識 義大利威尼斯的商人馬可波羅,曾在忽必烈麾下當官17年,後於1295年回國。後來在與熱拿亞的戰爭期間遭俘虜,因此便在獄中撰寫了《馬可波羅遊記(東方見聞錄)》。

《各地觀星台》

1276年，消滅南宋的忽必烈宣布改曆，命郭守敬等人在各地建造觀星台（天文台），再按照觀察結果編撰授時曆。位在登封市東南部的觀星台，是現存最大的天文台。

中國史上最優秀的曆制

1280年打造的授時曆，被視為中國史上最優秀的曆制。授時曆中的1年為365.2425天，與1582年羅馬教宗格勒哥里十三世制定的格勒哥里曆（現行太陽曆）相同。明代使用的是「大統曆」，日本則在江戶時代以授時曆為基礎打造了貞享曆。

陽光會穿透。

2010年，以「天地之中歷史建築群」之一的名義登記為世界遺產。

刻度
可測量依季節而異的太陽陰影長度。

《元朝衰敗的一大原因，就是藏傳佛教寺院的建立》

忽必烈重用藏傳佛教僧侶八思巴為國師，並且為了保護藏傳佛教在各地廣建寺院與佛塔，然而朝廷為籌措建設費而濫發交鈔導致經濟混亂，14世紀中期後動亂不斷，致使元朝開始衰退。

妙應寺白塔

1279年完工的中國第一座藏傳佛塔，高度約為50.9公尺，是由尼泊爾王族兼建築師阿尼哥設計。1288年，以白塔為主的大聖壽萬安寺落成，但是塔以外的建築物卻於14世紀燒毀。後來明朝又於15世紀，建造了新的妙應寺。

小知識 中國宋朝誕生了全世界最初的紙幣——交子，後來的金朝與元朝皆繼承了這個貨幣制度。尤其是商業繁榮的元朝，更將名為交鈔的紙幣定為唯一的法定貨幣，使紙鈔取代銅錢廣為流通。

伊斯法罕，世界之半
伊斯蘭文明的繁華與鼎盛

● 中亞、伊朗的繁榮

一三六八年，明朝推翻元朝統一中國，從蒙古帝國分裂而成的俄羅斯欽察汗國、中亞察合台汗國、伊朗伊兒汗國也迎向衰亡。

中亞地區於一三七○年有帖木兒汗國崛起。號稱成吉思汗後代的帖木兒創建帖木兒汗國，這也是以突厥和蒙古血統為主的伊斯蘭帝國。他統御了中亞至西亞之間的遼闊領土，繁榮的首都撒馬爾罕甚至擁有多達三十萬以上的人口。帖木兒王朝於十六世紀遭烏孜別克族推翻，屬於帖木兒末裔的巴布爾逃至印度，並於一五二六年建立了蒙兀兒帝國（↓96頁）。

另一方面，伊朗高原則於十六世紀由伊朗人建立了伊斯蘭帝國——薩法維王朝，第五任沙阿阿拔斯一世統治時代裡，經常有英國、法國與荷蘭使節造訪，與歐洲各國之間商業往來頻繁，使得首都伊斯法罕繁榮得猶如擁有「一半的世界」。

｛撒馬爾罕的壯麗伊斯蘭建築 ｝

14世紀末，以中亞為中心建造了龐大帝國的帖木兒，將首都從沙赫里薩布茲遷往撒馬爾罕。既然是世界級帝國的首都，當然也建造了壯闊的建築物。

帖木兒墓

帖木兒是為了悼念愛孫穆罕默德，於一四○四年建設，前幾世至一四○五年的帖木兒與其兒子孫也安葬在此。內部是雙層圓頂與壁面磚裝飾。

經過美化的出身

裝有帖木兒遺體的棺上，以阿拉伯的文句刻上成吉思汗的末裔。

等待「最後的審判」

伊斯蘭世界隨著死去的帝王最終都將受審判的末裔。

烏茲別克……日本考古學的中亞學術……伊斯蘭帝國建十（撒馬爾罕）設有一座。

天文台的建設

一四二八年，第三任沙阿兀魯伯格在撒馬爾罕建設天文台，並打造了精緻的圓筒，並於四二○年有英國出版天文表。

小知識 撒馬爾罕是中亞最古老的都市之一，8世紀之後伊斯蘭化。怛羅斯河畔的戰役（751年）使唐朝的造紙法傳入伊斯蘭世界後，撒馬爾罕就出現了造紙工廠，成為伊斯蘭世界的造紙產業中心。

展現薩法維王朝巔峰的伊瑪目清真寺

1598年，阿拔斯一世將首都從加茲溫遷往伊斯法罕後，就著手進行都市的重新開發。位處中心的伊瑪目廣場中設有宮殿、清真寺，以及伊斯蘭世界最大規模的巴剎（市場），使這裡既是宮殿也囊括了政治、經濟與宗教功能。

淨身　　　　　　伊瑪目清真寺　　　　　　45度角斜向

迎賓館

建築小故事

伊斯蘭建築── 古達明納塔裡的偶像

12世紀末，古爾王朝的武將，也就是後來建立印度第一個伊斯蘭帝國奴隸王朝的庫特布丁・艾伊拜克，為了紀念成功征服北印度，在德里建造了古達明納塔。使用的建材是破壞印度教寺院所留下的廢棄材料，所以儘管是禁止偶像崇拜的伊斯蘭清真寺，卻可看見女神與動物等雕刻。

小知識　　建立薩法維王朝的是薩法維教團（神祕主義教團）團長伊斯邁爾一世，他們奉什葉派為國教，要求遜尼派國民改信什葉派。創建於8世紀並於11～17世紀增改建的伊斯法罕金曜清真寺西北伊萬的側面，刻有什葉派的信仰告白。

動員萬人、耗費三十五年 高棉帝國的神廟建築群

● 象徵宇宙中心的印度教寺院

中南半島於九至十五世紀間，都在高棉族的帝國吳哥王朝手中享有繁榮。以首都吳哥城為中心，朝著四面八方延伸的商路，不僅連結了吳哥城與其他地方都市，往北還可通往寮國與中國、東邊可達越南、西邊為泰國與緬甸，甚至進一步連結至印度，是當代的物流與商業大動脈，經濟蓬勃發展。

此外受到從印度傳來的印度教影響，歷代君主均建設了象徵宇宙中心──須彌山（彌樓山）的印度教寺院，其中最知名的就是十二世紀前半，由吳哥王朝君主蘇利耶跋摩二世建造，更是世界最大規模宗教建築──吳哥窟。

據說吳哥窟建設期間每年雇用了一萬名工人，並耗費了三十五年的歲月。由於吳哥城巔峰時期曾住有兩萬人，因此王城周邊設有充足的水田與蓄水池等，以供應這些人的生活需求。

柬埔寨的象徵

1113年左右，蘇利耶跋摩二世在王都吳哥城建設了祀奉印度教神明毗濕奴的寺院吳哥窟，並成了足以代表古柬埔寨的建築物，因此現在的柬埔寨國旗也可看見吳哥窟的圖樣。

巨大的石造寺院
東西1.5公里、南北13公里，規模相當龐大。伽藍由3層迴廊組成，迴廊上有印度神話的雕刻。

鶴立雞群的中央高塔
象徵須彌山的中央祠堂高約65公尺，會舉辦王位繼承儀式等。

毗濕奴神
1432年吳哥王朝滅亡後，吳哥窟成了上座部佛教寺院，本尊也換成釋迦牟尼佛像，曾安置在中央祠堂的毗濕奴神像則移到正門附近。

17世紀前半，有日本人誤以為吳哥窟是印度的祇園精舍而前往參拜，十字迴廊的柱子上就留有「森本右近太夫」的墨寶。

小知識　吳哥窟帶有「以寺院打造的都城」這個意義，石材均切割自於吳哥城東北部約40公里處的古楞山，再用竹筏、牛與像拉車載運。

吳哥城最大建造物大吳哥

1181年，闍耶跋摩七世要求國民脫離印度教，皈依佛教，並在吳哥城旁建立了新的首都大吳哥。

大吳哥的中心──巴戎寺

都城中心的佛教寺院──巴戎寺祀奉著觀世音菩薩，藉此向世人宣告以佛教為國教。據說落成時是耀眼的金黃色。

佛面雕刻

佛塔裡刻有170張以上的觀世音菩薩臉部，藉此祈願「菩薩慈悲能夠遍及全世界」。

160公尺×140公尺的迴廊圍繞著寺廟，迴廊上施有戰象與搭乘獨木舟的士兵等浮雕。

 建築小故事

位在金邊的高棉建築式王宮

1432年，王都吳哥城遭阿瑜陀耶王國攻陷，此後就沒再新增高棉石造建築。而住宅等木造建築缺乏耐久性，因此無法保存至現代。後來成為法國保護國的柬埔寨，於1870年完成了擁有高棉式尖塔的諾羅敦國王宮殿，使傳統的高棉建築再度躍然於世人眼前，而現在的版本則是1919年改建。

妝點王宮的黃色，僅王室居所可用。

小知識　與吳哥窟、蒲甘（緬甸）並列為世界三大佛教遺跡的婆羅浮屠（印尼）創建於8～9世紀，總共有10層樓，壇上供奉了504尊佛像，據信是將佛教的開悟世界──曼荼羅化為實體之作。

天主教會分裂兩派 聖座遷移法國亞維農

● 受讚為第二羅馬的繁榮

十字軍東征失敗收場後，羅馬教宗的聲勢滑落谷底，各國展開了以國王為中心的中央集權制。十四世紀，法國國王菲利浦四世逮捕了教宗博義八世後並監禁（阿納尼事件），後來選出的教宗克雷芒五世聽從菲利浦四世的期望，將羅馬教廷暫設在法國南部的亞維農（亞維農之囚，亦引用以色列人遭巴比倫的典故，又稱巴比倫之囚）。這使得羅馬教廷受法國王權掌控了約七十年，然而亞維農卻以壯麗的宮殿為中心形成教宗領，迎來受讚為「第二羅馬」的繁榮。

後來羅馬教廷於一三七七年回歸羅馬，翌年烏爾巴諾六世即位，但是法國仍以亞維農為據點推崇克雷芒七世，羅馬教廷正式一分為二（天主教會大分裂）。神聖羅馬皇帝西吉斯蒙德為了收拾這場混亂，召開康士坦斯大公會議，同意羅馬教宗是唯一的教宗，後來更處死胡斯，宣布威克里夫的論點為異端。

宛如要塞的亞維農羅馬教廷

阿納尼事件後，羅馬教廷便暫設在普羅旺斯伯爵領土內的亞維農，自克雷芒五世起有7代的教宗居住此地，而羅馬教廷則是座由全長約6公里城牆圍繞的堅固宮殿。

舊宮殿
1335年，亞維農教廷第3代教宗本篤十二世拆除主教宮，建設居住的高塔與迎賓室。

新宮殿
1342年，亞維農教廷第4代教宗克雷芒6世在舊宮殿南邊建造了新宮殿。1348年，普羅旺斯伯爵賣下亞維農全市獻給教宗。

宮殿中除了羅馬教廷、檔案局與教宗的私人居所外，還有禮拜、廚房、衛兵所私、馬廄等。

小知識：克雷芒6世建設的新宮殿仿效了聖伯多祿大殿（→P44），而烏爾巴諾五世建設的東棟在天主教分裂時代被稱為「羅馬」。但是義大利詩人彼得拉克批評亞維農是「汙穢且疾病蔓延，受到娼妓占據的城市」。

在比薩主教座堂選出第三位教宗

在羅馬與亞維農各擁立教宗的情況下，1409年在比薩主教座堂舉辦的教會會議決定廢除兩位教宗並選出新的教宗，企圖藉此統一天主教，卻反而因羅馬、亞維農、比薩同時擁有各自的教宗而招致更上一層樓的混亂。

紀念戰勝的大教堂

義大利西北部的都市比薩在中世是繁榮的商業國家，1063年與熱拿亞結盟將伊斯蘭勢力趕出西地中海，為了記念當時的勝利而建設了比薩的主教座堂（大教堂）。

洗禮堂

圓筒狀的洗禮堂，直徑約35公尺、高約55公尺。12世紀中期動工，14世紀中期完成，大理石講壇上刻著耶穌基督的生涯。

十字型建築物

大教堂的結構為拉丁十字架型，交錯部設有圓頂。

建築小故事

比薩斜塔傾斜的原因

知名的比薩斜塔是主教座堂的鐘樓，因為土質鬆軟加上地基僅挖3公尺深而已，導致建設期間就逐漸往南傾斜，整體工程中斷了兩次並綿延兩百年。1372年在未能修正傾斜問題的情況下，完成這座55公尺的鐘樓，並於1993年展開修復與穩定工程，完工於2001年。據說此後的兩百年都不必擔心鐘樓倒塌。

最初設計的高度是100公尺，而修復工程則將本為5.5度的斜角扶正至3.99度角。

調整最頂層的/座鐘重量以達到平衡，而這些鐘為了防止倒塌從未響過。

相傳義大利學者伽利略就是在斜塔發現「自由落體定律」。

小知識　天主教發生大分裂時，英國的約翰‧威克里夫與波希米亞（現在的捷克）的揚‧胡斯批判了聖職者的世俗化，提倡聖經至上論與國家教會主義。威克里夫將一直以來都用拉丁語撰寫的聖經翻譯成英文，胡斯則翻譯成捷克文，讓一般民眾也能夠輕易閱讀。

中世紀的教堂建築

長方形教堂內部以列柱區隔中殿與側廊，中殿深處的半圓形突出部（後殿）後方設有祭壇，是取經自古羅馬時代公共建築物的設計。

1 巴西利卡式（4～8世紀）

聖母大殿（義大利）

創建於4世紀，現存建築物是5世紀重建而成。據說愛奧尼柱式石柱是從羅馬神殿移來的。

聖馬爾谷聖殿宗主教座堂（義大利）

創建於9世紀，現在的教堂則完工於1094年。構造為希臘十字形，中央與四側共有5座圓頂，半圓拱上的獅子像象徵著聖馬可。

2 拜占庭式（4～15世紀）

俯瞰形狀為正十字（希臘十字），十字交叉處覆蓋著圓頂（圓形屋頂），內部則以鑲嵌藝術增色。

羅馬帝國承認基督信仰的四世紀以降，基督宗教的信徒聚集，各地大肆建設用來做禮拜的教堂。

中世紀的歐洲更是出現了格外顯著的發展，其中最具代表性的建築樣式，就是特徵為內部列柱的「巴西利卡式（四至八世紀）」、屋頂為圓頂狀且內部有鑲嵌藝術的「拜占庭式（四至十五世紀）」、大量使用半圓拱的「羅馬式（一至十二世紀）」、擁有高聳尖塔的「哥德式（十三至十五世紀）」。

足以代表法國的哥德式建築沙特爾主教座堂，建於一一九四年至一二六〇年之間。舊有工法必須以牆壁承載建築重量，無法設置較大的開口，但是建設沙特爾主教座堂時採用了拱型梁（飛扶壁），分散負重使牆壁得以大量開窗，而窗上則鑲有優美的彩繪玻璃。

建築 小故事

基督新教教堂的 特色是簡樸

相較於藉由豪奢建築物彰顯教會權威的羅馬天主教，基督新教將教堂視為向神祈禱的空間，所以不會施加華麗的裝飾，整體建築風格相當簡樸。

荷蘭阿姆斯特丹的西教堂，坐落在安妮・法蘭克（→P144）躲藏的住宅旁。

科隆主教座堂（德國）

1248年開始動工，最終完工於1880年。尖塔高度達157公尺。

沙特爾主教座堂 （法國）

據傳最初的教堂創建於4世紀，但是因火災等因素反覆重建，直到13世紀才幾乎形成現在的教堂模樣。鑲嵌在窗戶上的彩繪玻璃總面積多達2000平方公尺。

特徵是高聳的尖塔，內部的彩繪玻璃窗與尖拱等也是一大特色。

3 羅馬式 （11～12世紀）

特徵是拉丁十字架（長十字）形平面與半圓拱，窗戶較小，所以內部較昏暗。

4 哥德式 （13～15世紀）

施派爾主教座堂（德國）

11世紀奉神聖羅馬皇帝之命建築的初期羅馬式教堂，與沃姆斯和梅因茲的大教堂同樣被稱為「皇帝大教堂（Kaiserdom）」。

小知識　彩繪玻璃描繪著聖經場景、聖人傳說，幫助目不識丁的階層理解聖經。

朝聖中心化作要塞 英軍據守的聖米歇爾山

●百年戰爭使英國毛紡織業崛起

十一世紀，法國國王的家臣諾曼第公爵威廉（紀堯姆）成為英國國王後，便以諸侯國的地位納入法國的領土，受到英法的雙重統治。歐洲數一數二的紡織工業地區佛萊明，就是英國產羊毛的重要出口地。

一三一四年，法國國王菲利浦四世逝世後，卡佩王朝血統斷絕，並於一三二八年由瓦盧瓦家族的菲利浦六世繼承王權。但是母親為菲利浦四世之女的英國國王愛德華三世同時也主張自己擁有王位繼承權，因此於一三三九年派兵攻打法國（百年戰爭）。起初法國屈居劣勢，但是在聖女貞德等士的活躍下，終於在一四五三年擊退英軍，收復加萊以外的所有領土。

當時被打造成要塞的修道院聖米歇爾山，也在諾曼第全境遭英軍控制的情況下努力奮鬥。而佛萊明的紡織工匠為了躲避戰火也逃到英國，促使英國的紡織業逐漸繁榮。

〔 變成要塞的聖米歇爾山 〕

位在法國西北部的聖米歇爾山，對英軍來說是登陸諾曼第的路徑之一。
因此14世紀查理六世就在岩山建設城塔群以強化防禦。

源起於小小的禮拜堂

最初是西元709年建造在諾曼第海岸岩石島上的小小禮拜堂，966年本篤會的修士進駐，並於11世紀建設隱修院。13世紀完成的建築物群被稱為「La Merveille（威脅，直譯為「奇觀」之意）」，且趨近於現存的修道院。

曾在法國大革命時當作監獄使用。

百年戰爭的戰場

英軍於1424年圍攻戰略要地聖米歇爾山，然而堅固的防禦與法國從後方提供的兵糧與援兵使其成為長期抗戰，歷經30年都未能攻陷。

19世紀修復時建造了尖塔，並設置高達2.5公尺的大天使米迦勒之像。

歷史祕話

玫瑰戰爭爆發

百年戰爭後，英國的蘭卡斯特家與約克家之間爆發了王位爭奪戰爭，由於雙方家徽分別是紅玫瑰與白玫瑰，所以人稱玫瑰戰爭。經過30年的內戰，蘭卡斯特陣營的都鐸家亨利勝利，並於1485年以亨利七世的身分即位（都鐸王朝）。

戰爭造成許多貴族沒落，因此統治權也集中到了國王手上。

小知識　19世紀後期，聖米歇爾山與大陸設置了相連的堤防，使鐵路與汽車得以通行，但是有時漲潮會淹沒路面。後來堤防於21世紀損壞，因此又於2014年建造了全長760公尺的橋梁。

{ 漢斯聖母院加冕的查理七世 }

英軍在百年戰爭初期取得了優勢，因此於1428年圍攻法國國王查理七世所在的奧爾良，幸得獲神諭的聖女貞德率法軍解救城市。同年7月17日，查理七世終於在漢斯的大教堂加冕。

歷代法國國王的加冕

漢斯的大教堂創建於西元5世紀，現在的建築物是經歷1210年大火後重建的，自496年的克洛維一世改宗以來，至1825年的查理十世為止的歷代法國國王，都在此舉行加冕儀式

貞德獲得的神諭

相傳來自法國東部洛林地區棟雷米村的聖女貞德，獲得了「前往法國擊敗英軍，還送王儲（查理七世）前往漢斯加冕」的神諭。

教堂全長139公尺，天花板高達38公尺，內部有畫家夏卡爾於1974年打造的彩繪玻璃。

建築小故事

拯救窮人的伯恩濟貧院

1443年，勃艮地公國菲利浦三世的宰相尼可拉斯·羅蘭，設立濟貧院（伯恩濟貧院）救濟伯恩地區因百年戰爭而貧困的人們。濟貧院內設有病房（供過夜的空間）、藥局與禮拜堂等，在1971年轉型為博物館之前都持續拯救貧困的人們。

每年11月第3個星期日，伯恩濟貧院會舉辦葡萄酒拍賣會，使用的都是院內葡萄園生產的作物。

小知識　相較於在漢斯加冕的查理七世，英國的亨利六世（母親為法國國王查理六世之女，特魯瓦條約使查理六世在逝世後成為名義上的法國國王）則是於1431年在巴黎聖母院加冕，但是據說典禮後供應的料理不合巴黎人的口味。

從教堂改建為清真寺舊名聖索菲亞的大教堂

● 作為伊斯蘭首都繁榮

一二九九年誕生在安納托力亞半島一角的鄂圖曼帝國，轉眼間就壯大了勢力，並於一三六六年踏進巴爾幹半島。

拜占庭帝國的領土逐漸遭鄂圖曼帝國吞噬，到了十五世紀僅剩首都君士坦丁堡與鄰近地區而已。一四五三年鄂圖曼帝國進攻君士坦丁堡，拜占庭帝國選擇投降並滅亡。

後來鄂圖曼帝國將君士坦丁堡定為新的首都，並改名為伊斯坦堡。十五世紀中期人口不過五、六萬人的都市，到了十六世紀末已經暴增至七十萬人。

曾為東方正統教會總部，也會舉辦歷代拜占庭皇帝加冕儀式等的聖索菲亞大教堂，正式改建為伊斯蘭教的清真寺，此後就稱為聖索菲亞大清真寺。

此後東方正統教會的核心也遷往莫斯科，到了一五五九年，俄羅斯正教會的主教就升格為牧首。

轉變成清真寺的聖索菲亞大教堂

537年完工的聖索菲亞大教堂，在這九百年間都是東方正統教會的據點，直到鄂圖曼帝國政權下才改成清真寺。

仿效萬神殿的巨大圓頂

教堂的圓頂參考了古羅馬皇帝哈德良建設的萬神殿（→P32），直徑31公尺、高56公尺。

伊斯蘭化的教堂

1453年在教堂增設了4座宣禮塔（尖塔），以及表示麥加方位的米哈拉布等，並以灰泥塗料遮蓋基督宗教的壁畫，並拆除清真寺四周的建築物以設置蘇丹門的陵墓。

頂端的十字架也改成伊斯蘭教的新月。

小知識　聖索菲亞大清真寺自1935年起轉型為博物館，直到2020年7月土耳其政府宣布恢復其身為清真寺的功能，並將聖索菲亞博物館正名為「阿亞索菲亞清真寺」。

{ 蘇丹所在＆行政中心──托普卡匹皇宮 }

攻占君士坦丁堡的穆罕默德二世，從1460年左右開始著手宮殿的建設，由於宮殿設有大砲（土耳其文為Top），因此便稱為托普卡匹皇宮（Topkapı Sarayı），1853年前都是蘇丹主要居住的宮殿。

托普卡匹皇宮

有國王接見大臣或外國使節的宮室、大臣開會的宮室，以及蘇丹妻妾生活的後宮等。

1853年將王宮的功能移到多爾瑪巴赫切宮。

宮殿的基地面積為70公頃，鄂圖曼帝國滅亡兩年後的1924年就對外公開，成為土耳其共和國第一家博物館。

為了預防他人爭奪繼承權，蘇丹的兄弟會被軟禁在後宮中名為「鳥籠」的房間。

禮敬之門

蘇丹以外的人都必須在這扇門前下馬，因此稱為「禮敬之門」。

{ 參考聖索菲亞大教堂的蘇萊曼尼耶清真寺 }

16世紀中期帶領帝國站上巔峰的蘇萊曼一世，著手於改造伊斯坦堡，建造了由清真寺、伊斯蘭學校（學院）、公共廚房（濟貧食堂）、土耳其浴場（公共澡堂）等組成的複合式設施。

4座宣禮塔

坐落在禮拜堂周圍，高約64公尺，代表蘇萊曼一世是第四位蘇丹。

禮拜堂

禮拜堂的大圓頂直徑約27公尺、高約53公尺。禮拜堂後方則有蘇萊曼一世的陵墓，平面格局則參考了聖索菲亞大教堂的設計。

前庭

會用來舉辦盛大的儀式等而非一般禮拜。

相傳建築費用約為當時歲收的一成。

由宮廷建築師米馬爾·希南打造，除了蘇萊曼尼耶清真寺外，這位建築師還參與了80座以上的清真寺。

小知識 鄂圖曼帝國於16世紀初期征服了敘利亞與埃及，將伊斯蘭教的聖地麥加與麥地那收入囊中，成為伊斯蘭世界的盟主。

紅色堡壘阿爾罕布拉宮 摩爾人遺留的伊斯蘭痕跡

●基督勢力重新統一了伊比利亞半島

西元七一一年，倭馬亞王朝滅掉西哥德王國後，伊比利亞半島就一直受伊斯蘭勢力所把持。十一世紀中期，伊比利亞半島的中央與東北部分別成立卡斯蒂亞王國與亞拉岡王國。十二世紀，卡斯蒂亞王國境內的伊比利亞半島西部又有基督信仰勢力的葡萄牙王國獨立，使國土收復運動（再征服運動）活絡起來。

一四六九年，亞拉岡王國的王子斐迪南二世與卡斯蒂亞王國的公主伊莎貝拉聯姻，這對夫婦又於一四七九年登上王位，共同統治大部分的西班牙領土。

西元一四九二年，西班牙王國攻陷最後的伊斯蘭王國——奈斯爾王朝首都格拉納達後，再征服運動就宣告完成，而基督信仰的勢力也睽違七百八十一年重新統一了伊比利亞半島。

伊斯蘭政權就這樣從伊比利亞半島消失了，但是阿爾罕布拉宮等伊斯蘭文化的痕跡仍保存至今。

從清真寺變成基督教堂的哥多華主教座堂

西元八世紀，遭阿拔斯帝國擊敗的倭馬亞王朝餘黨逃到伊比利亞半島重振旗鼓，並於785年起花了兩百年間在首都哥多華建造了這間 Mezquita（西班牙語的「清真寺」），據說這是當時世界最大的清真寺。

壯觀的清真寺誕生

這間 10 世紀末完工的清真寺總面積約 23000 公尺，一次可以容納 25000 名信徒禮拜。

保存至今的伊斯蘭建築

1236年，基督信仰勢力征服了哥多華，將清真寺改成基督宗教的教堂，而建築物內部仍可看見米哈拉布與馬蹄拱等伊斯蘭時代的痕跡。

獨一無二的清真寺

1523年，基督教會在清真寺中心建造了大教堂，據說當時西班牙國王卡洛斯斥責道：「你們為了建造隨處可見的教堂，破壞世界獨一無二的建築物！」

小知識　位在哥多華西邊約24公里處的阿爾莫多瓦爾德里奧城堡，是8世紀時由阿拉伯人建造。並於14世紀由卡斯蒂亞國王佩德羅一世進一步修建，後來又於20世紀初期修復至今。此外也是電視劇《冰與火之歌：權力遊戲》的取景地之一。

《 阿爾罕布拉宮的淪陷 》

西班牙最後的伊斯蘭王國——奈斯爾王朝於13～14世紀建造的阿爾罕布拉宮，坐落在能夠俯視格拉納達的山丘。1492年，打敗奈斯爾王朝的斐迪南二世與伊莎貝拉就入住了這座宮殿。

「紅色堡壘」

阿爾罕布拉宮的城牆使用紅磚，在阿拉伯語中稱為「al-qal'ah al-hamrā」，後來西班牙人就稱其為「Alhambra」。

科瑪雷斯塔

高約45公尺，是整座宮殿內最高的一座，歷代奈斯爾王朝國王都可以透過這座塔，看見其他像是參政大使所在的建築物屋頂等。

阿拉伯式花紋

天花板與牆面都填滿了阿拉伯式花紋（幾何學圖案），這是禁止偶像崇拜的伊斯蘭建築特徵。

宮殿的主要區域是由三代國王分別建造而成，從西邊起分別是伊斯邁爾一世的梅斯亞爾廳、尤瑟夫一世的科瑪雷斯宮，以及穆罕默德五世的獅子宮。

《 成為再征服運動象徵的塞維利亞大教堂 》

全長126公尺、寬80公尺的西班牙最大教堂。

西班牙南部的塞維利亞自1147年起，就受到以摩洛哥為據點的穆瓦希德王朝統治，直到1248年被卡斯蒂亞王國的斐迪南三世奪回，並破壞了穆瓦希德王朝建造的清真寺，為聖母打造了塞維利亞主教座堂。

吉拉達鐘樓

這座鐘樓是塞維利亞的重要地標，改建自清真寺的宣禮塔，塔高約98公尺。

小知識 阿爾罕布拉宮是世界僅存的伊斯蘭宮殿建築。奈斯爾王朝的穆罕默德五世於1380年左右打造的「獅子庭院」東西約29公尺、南北約16公尺。中央噴水池則由12頭石獅子支撐。

歐洲強權支配下的非洲

古實王國
（西元前10～西元4世紀）

西元前8世紀以尼羅河畔的納帕塔為據點統一全埃及，並在新亞述帝國的侵略下遷都至麥羅埃，並以製鐵與貿易維繫國力。

麥羅埃受到古羅馬與埃及影響，建有金字塔與神殿。

阿克蘇姆王國
（紀元前後～西元12世紀）

古代非洲東部最大的國家，因紅海交易而繁榮。西元4世紀的埃扎納國王時代，將基督教奉為國教。

阿克蘇姆王國留有壯闊的建築物，包括全長24公尺的石柱（stele）或王宮遺跡等。

歐洲世界從十五世紀中期開始積極往海外發展，結果將整個非洲世界都納入統治範圍。十九世紀末瓜分非洲的競爭變得劇烈，結果能夠維持獨立的僅剩賴比瑞亞共和國與衣索比亞聯邦民主共和國。

非洲各國一直到二十世紀才擺脫列強統治，一九二二年埃及從英國獨立，第二次世界大戰後的一九五六年突尼西亞、摩洛哥從法國手中獨立，一九五七年迦納從英國獨立，一九五八年幾內亞又從法國獨立。後來一九六〇年又有奈及利亞與剛果等十七個國家獨立，因此這一年人稱「非洲年」。但是後來這些前宗主國又持續干涉，認為自己保有石油與礦山等權利，因此非洲各國便於一九六三年成立非洲統一組織（OAU）強化合作關係，並於二〇〇二年發展為政治與經濟整合的非洲聯盟（AU）。

非洲各王國遺跡

馬利帝國（13～15世紀）

相傳撒哈拉沙漠西南端的馬利帝國建立於13世紀，旗下有尼日河沿岸的傑內與廷巴克圖等以商業交易繁盛的都市，經濟實力相當堅強。

傑內保留至今的「土坯清真寺」，高約20公尺。

桑海帝國（15～16世紀）

起源未知，15世紀後半期擺脫馬利帝國的統治後逐步繁榮，並於1464年在廷巴克圖建立第一間黑人大學「桑科雷清真寺」。

加奧保有17公尺的圓墓，據信埋葬著阿斯基亞·穆罕默德一世。

麥羅埃

傑內　加奧

阿克蘇姆

大辛巴威

托瓦王朝（15～17世紀）

崛起於大辛巴威衰退的15世紀，從首都卡米出土的文物可以看出當時與葡萄牙等歐洲各國、中國都有貿易往來。

卡米

擁有高度石工技術，能夠將花崗岩切割成長方體以打造城牆或住宅等。

大辛巴威（13～15世紀）

中心為大辛巴威遺址，以象牙、鹽巴、鐵、銅等交易而繁榮，「辛巴威」在紹納族語言中是「石屋」的意思。

大辛巴威遺址的圓錐塔是遭歐洲各國征服前的建築物，曾是撒哈拉沙漠以南最大的建築物。

小知識　受到英國與埃及統治的蘇丹，於1956年宣告獨立，但是北部阿拉伯裔與南部黑人種族間的對立導致內戰，後來於2005年簽訂和平協議，南部也於2011年獨立為南蘇丹共和國。

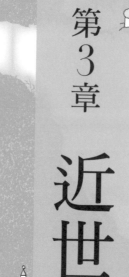

第３章

近世

❶ 熱羅尼莫斯修道院（→P76）

❷ 貝倫塔（→P77）

❸ 聖奧古斯丁教堂（→P77）

❹ 舊宮（→P80）

❺ 柏拉圖學院（→P80）

❻ 聖母百花聖殿（→P81）

❼ 西斯汀小堂（→P81）

❽ 恩寵聖母教堂（→P81）

❾ 波托西銀礦（→P82）

❿ 石見銀礦（→P83）

⓫ 威登堡的城堡教堂（→P84）

⓬ 沃爾姆斯大教堂（→P85）

⓭ 瓦特堡（→P85）

⓮ 卡爾五世宮殿（→P86）

⓯ 埃斯科里亞爾宮殿（→P87）

⓰ 荷蘭東印度公司阿姆斯特丹分公司
（→P88）

⓱ 阿姆斯特丹證券交易所（→P89）

⓲ 熱蘭遮城（→P89）

⓳ 文職大廈（→P90）

⓴ 勞合社（洛伊德保險社）（→P91）

㉑ 西敏宮（→P92）

㉒ 格林威治皇家天文台（→P93）

㉓ 羅浮宮（→P94）

㉔ 孚日廣場（→P95）

㉕ 凡爾賽宮（→P95）

傳遞葡萄牙榮光的熱羅尼莫斯修道院

● 用辛香料貿易帶來的財富建造

十五世紀末，歐洲世界開始往海外發展，拔得頭籌的是伊比利亞半島西岸的葡萄牙。葡萄牙於一四一五年占領北非休達揭開序幕，派遣的狄亞士於一四八八年到達了非洲南端的好望角（風暴角），一四九一年則由達迦馬行經非洲南端的好望角到達印度西岸的卡利卡特（現在的科澤科德），開拓了東印度航路。

一五〇九年驅逐了獨占印度洋辛香料貿易的伊斯蘭勢力（第烏戰役），隔年在果阿設立總督府打造亞洲貿易據點。一五一一年消滅東南亞的伊斯蘭王朝「馬六甲蘇丹國」，取得了摩鹿加群島（又稱香料群島）等。

獨占東南亞辛香料貿易使葡萄牙富甲一方，首都里斯本以國際貿易中心的地位繁榮。將獲利投注在建築上所打造出來的正是里斯本的熱羅尼莫斯修道院，這座建築物可以說是象徵著當時的葡萄牙榮華。

熱羅尼莫斯修道院背後的大航海時代歷史

1502年，葡萄牙國王曼紐一世為了讚頌航海家恩里克王子與達迦馬的豐功偉業，決定在太加斯河附近建設熱羅尼莫斯修道院。教堂等主要部分完成於1551年，日本也於1584年派遣由4名少年組成的天正遣歐使節造訪。

葡萄牙特有的裝飾

修道院內部有象徵天球儀與帆繩等航海工具的裝飾，特徵是葡萄牙特有的「曼紐式」建築形式。

19世紀廢止的修道會

1834年修道會解散，頓失歸屬的修士只好販售在修道院時期製作的點心──蛋撻（葡式蛋撻），結果廣受好評，因此便於1837年在修道院附近開設現在的Pastéis de Belém。

歷史祕話

鄭和的南海遠征

大明帝國第3任皇帝永樂皇帝，決定派遣使者至各國要求朝貢，因此便於15世紀初期派遣信奉伊斯蘭教的宦官──鄭和展開南海遠征，經過七度巡航與四度遠征（1409～1415年）甚至到達了非洲。這時獲得的貢品長頸鹿近似傳說中的靈獸麒麟，便以此命名。

小知識　歐洲世界從14世紀起開始普遍肉食，辛香料成了上流階級的生活必需品，會以昂貴的價格交易買賣。據說達迦馬從印度帶回來的辛香料售價約是進價的60倍。

﹛防衛里斯本港的貝倫塔﹜

為了記念達迦馬開拓印度航路，在太加斯河河口建設了貝倫塔（1519年完成）。貝倫塔既是守護里斯本港的要塞，也是出入港口時的玄關。

正式名稱為聖文森塔

貝倫塔由4層樓的塔與2層樓的稜堡組成，四角設有監看周遭環境的小塔，塔內則有王族的居室。

水牢的設置

貝倫塔1樓的牢獄在滿潮時會浸滿水。

聖母像

守護航海的人們。

曼紐式

貝倫塔裡有許多天球儀與繩子造型的曼紐式裝飾。

砲廊

稜堡內部房間設有砲台，可以直接從開口部攻擊。

建築小故事

奴隸貿易的據點——格雷島

葡萄牙於1444年發現塞內加爾外海的格雷島，將其打造成交易黃金與奴隸的重要據點。後來法國占領了塞內加爾與格雷島，同樣在島上販運奴隸。島上還保有1776年建造的「奴隸城堡」。

1樓與地下室設有奴隸的房間，後方的入口可通往奴隸船，因此人稱「不歸門」。

﹛菲律賓最古老的石造教堂﹜

西歐各國於16世紀起踏上東南亞，其中菲律賓更成為西班牙的殖民地。1571年，西班牙為了傳播基督宗教，在澳門建造了聖奧古斯丁教堂，經過兩度燒毀後又於1607年重建為石造教堂。

小知識

葡萄牙與西班牙為了開拓新航路，爭相投資在東方貿易競爭中敗給威尼斯的熱拿亞。／菲律賓最古老的教堂是1565年建於宿霧島的聖嬰大教堂（現在的建築物是1740年重建），供奉著麥哲倫獻給胡安娜女王的聖嬰像。

西班牙摧毀的美洲文明

馬雅文明（西元前11世紀～西元16世紀）

西元3～8世紀為全盛時期，位在現今瓜地馬拉的提卡爾人口有約10萬人。此外還有烏斯馬爾與契琴伊薩等都市，使用馬雅文字的地區相當遼闊。

契琴伊薩的卡斯蒂略金字塔，是邊長約60公尺、高約24公尺的階梯型金字塔，共有365階，據信具有日曆的功能。

印加帝國（西元15～16世紀）

視國王為太陽神的化身，全盛時期的15世紀時國土囊括現在的厄瓜多至智利。沒有文字，會用名為奇普的繩結數目記錄數字，1533年遭西班牙人皮薩羅消滅。

西班牙人沒有發現安地斯山脈山丘上的馬丘比丘，所以倖免於破壞。

西班牙再征服運動完成後的一四九二年，這個慢慢葡萄牙一步的伊比利半島國家終於也展開印度航路的開拓之旅。

西班牙女王伊莎貝拉派遣熱拿亞出身的哥倫布出海，歷經七十二天的航行抵達加勒比海的瓜那哈尼島。直到一五〇一年，才由亞美利哥·維斯普奇判斷此乃「新大陸」，並以他的名字命名為「亞美利加」。

學界普遍將美洲的墨西哥北部至中美洲之間歸類為中美洲文明，其中尤以中央安地斯地區的安地斯文明最為發達。十四世紀墨西哥高原出現阿茲特克帝國，十五世紀的安地斯地區則有印加帝國成立。但是當時的美洲沒有馬與槍，面對軍力遠超出美洲的西班牙，也只能步向滅亡。

小知識　美洲大陸的原住民本來達1000萬人以上，後來受到強制勞動與傳染病等侵害驟減至100萬人。後來美洲為了彌補勞動力不足，就引進了非洲黑人當奴隸。

78

column

美洲大陸綻放的文明

特奧蒂瓦坎文明
（西元前2～西元7世紀）

文明的核心民族至今未知，全盛時期為西元4～7世紀，曾發展成人口達15萬人的都市。

穿越都市中央的「亡者大道」北端，設有高約46公尺的月亮金字塔。

特諾奇提特蘭

特奧蒂瓦坎

阿茲特克帝國
（西元14～16世紀）

現在的墨西哥城曾經是阿茲特克帝國的首都特諾奇提特蘭，15世紀中期人口約15萬，尚為墨西哥盆地最大的王國，但是卻在1521年遭西班牙的科爾特斯毀滅。

1978年為建設地下鐵而施工時，挖出了「大神廟」，據信以前曾在這裡舉辦宗教儀式。

契琴伊薩

馬丘比丘

庫斯科

奧爾梅克文明
（西元前13～5世紀）

從出土的神殿與神像等可以看出擁有高度石造技術，據信是中美洲文明的源流，對各大文明都產生了影響。

挖出來的巨人頭石像，石材是從遠方運來的。

學者與藝術家雲集　文化的基地柏拉圖學院

● 成為文化支柱的麥地奇家族

十四世紀至十六世紀之間，義大利興起了名為文藝復興的文化復興運動。

文藝復興的義大利文 Rinascimento 具有「再生」的意思，人們試圖擺脫過往以神為中心的世界觀，追求如古羅馬與古希臘文化般更具人性的生活態度。

文藝復興對廣泛領域造成了影響，其中藝術世界更誕生了達文西的《蒙娜麗莎》、米開朗基羅的《創世紀》等傑作。

藝術家仰賴富裕的商人或有權階層贊助，其中勢力最龐大的贊助者就是金融業起家、實質掌控佛羅倫斯的麥地奇家族。十五世紀前半，科西莫・德・麥地奇開設柏拉圖學院，為許多學者與藝術家提供去處。

其孫羅倫佐・德・麥地奇也繼承了這項事業，贊助了米開朗基羅等多位藝術家，成為文藝復興的一大推手。

掌握佛羅倫斯實權的麥地奇家族

15世紀，金融財閥──麥地奇家族掌控了因貿易與金融業等繁榮的義大利中部都市──佛羅倫斯的市政，使文藝復興在麥地奇家族手中綻放。

15世紀起，每當要決定重要政策時就會敲響大鐘，將市民聚集到廣場參與。

舊宮

1299年動工，現在是佛羅倫斯的市政廳，共和國時代則是中央政府的辦公處。

1433年，遭政敵逮捕的科西莫・德・麥地奇被關進塔內監獄後，又被放逐至國外，隔年則在市民的要求下回國，1435年成為佛羅倫斯最高執政者主宰市政。

柏拉圖學院

文藝復興時期流行研究古希臘哲學家柏拉圖的思想，學院就開設在科西莫位在佛羅倫斯郊外的別墅，並聚集了將文獻從古希臘文翻成拉丁文的馬爾西利奧・費奇諾、做出「論人的尊嚴」演講的喬瓦尼・皮科等人文主義學家。

第1屆柏拉圖學院辦在佛羅倫斯郊外菲耶索萊的麥地奇別墅之一「菲耶索萊麥地奇別墅」。

小知識　羅倫佐曾招攬波提且利與米開朗基羅等藝術家，一起在柏拉圖學院暢談，但是卻從未找過達文西，或許這讓達文西極度不悅，因此手稿裡寫著對麥地奇家族的不滿。

﹛文藝復興的代表性建築﹜

文藝復興盛開於14世紀的佛羅倫斯，並拓展至歐洲各地。當時的建築採仿效古希臘與古羅馬樣式的圓柱與圓頂等，設計上也很重視左右對稱的整體協調感。

聖母百花聖殿（佛羅倫斯）

建築於13～15世紀，圓頂天花板畫《最後的審判》是16世紀由喬爾喬‧瓦薩里與費德里科‧祖卡里創作，西側立面則於19世紀重建成。

巨大的圓頂

設計師是義大利建築師布魯涅內斯基，直徑45公尺的磚造圓頂在未設任何鷹架的情況下建造而成。

帕齊陰謀

1478年，帕齊家族策劃暗殺計畫以打敗麥地奇家族，結果在彌撒時殺害了羅倫佐的弟弟朱利亞諾，卻沒成功殺死羅倫佐。

西斯汀小堂（梵蒂岡城國）

建造於15世紀。米開朗基羅的壁畫《最後的審判》是受到麥地奇家族出身的羅馬教宗克萊孟七世與保祿三世委託創作的。

恩寵聖母教堂（米蘭）

創建於15世紀，隔壁修道會食堂內部則有達文西創作的《最後的晚餐》。

小知識　文藝復興一開始在佛羅倫斯萌芽，但是隨著義大利戰爭與麥地奇家族遭放逐等政局不安影響，15世紀末就轉以羅馬為中心。羅馬的贊助人則是麥地奇家族出身的教宗良十世。

波托西銀礦的白銀瓦解歐洲的封建社會

● 世界逐漸融為一體

大航海時代大幅改變了歐洲的經濟結構，國際商業據點逐漸從義大利半島轉至伊比利亞半島所在的大西洋沿岸，交易也進入世界規模，進而引發了以歐洲世界的「世界一體化」（商業革命）。

此外，西元一五四五年在美洲發現了波托西銀礦（位在現在的玻利維亞）大量的白銀流進西班牙。當時的西班牙政府因為連年的對外征戰與貿易赤字，正陷入慢性的財政困難，因此這些白銀無法存進西班牙的國庫，而是流到為西班牙提供資金的國際金融都市如安特衛普與熱拿亞，導致白銀在西歐的價值降低，社會陷入物價高漲的情況。

在這場物價革命當中，備受打擊的群體就是封建領主。領主的收入來源是以貨幣支付的固定地租，當收入跟不上物價上漲的速度時就只能逐漸沒落，結果促成封建社會的瓦解。

因發現銀礦而繁榮的波托西

1545 年發現巨大銀礦後就急遽發展，到了 16 世紀末已經成為擁有 16 萬人口的大都市。

世界上有九成白銀都流向西班牙

波托西銀礦於 16 世紀末約生產了 22 萬公斤的白銀，1546 年墨西哥的薩卡特卡斯也發現了銀礦，使全世界的白銀都集中在西班牙。

被迫勞動的原住民

雖然西班牙禁止征服者們將原住民當成奴隸，但是仍將他們視為開發銀礦或經營農園的重要勞動力，紮紮實實地奴役著他們。

歷史祕話

東歐發展出農奴制

在西歐掀起物價革命的同時，東歐也透過強化農奴制以增加穀物產量，並出口糧食至西歐。自從發現新大陸後，西歐就以商業與工業為主，東歐則專注於穀物生產，確立了歐洲世界的分工體系。

西班牙為了挖掘白銀，建造了完善的都市公共設施，在區劃分成西班牙人住宅區與原住民勞動者的住宅區，而後者占了整座都市的七成。

西班牙將墨西哥鑄造的銀幣稱為西班牙銀元，在歐洲與中國等世界各地流通，是當時的國際貨幣。1821 年墨西哥獨立後就改稱墨西哥銀元。日本於 1871 年（明治 4 年）鑄造重量（約 27 克）相當於墨西哥銀元的 1 日圓銀幣。

⟪ 負責載運西班牙銀元的蓋倫帆船 ⟫

玻利維亞與墨西哥的白銀，會用蓋倫帆船從阿卡普高運到馬尼拉，使用這種船進行的貿易稱為蓋倫（阿卡普高）貿易，直到墨西哥獨立（1821年）才落幕。

蓋倫帆船

當時最大規模的軍船不用油為燃料，而是仰賴3～4支桅杆，受風即可行駛。軍船還可搭載艦砲攻擊敵船，因此成為西班牙無敵艦隊（Armada）的主力。

經復原的17世紀安達魯西亞號。全長55公尺。

蓋倫貿易

用蓋倫帆船載運的白銀，會在馬尼拉交換中國產的絲綢、瓷器與印度產的棉織物，據說每年從馬尼拉運到大明帝國的白銀達5～8萬公斤。

建築小故事

腓特烈二世陵墓與馬鈴薯

哥倫布的遠航，將馬鈴薯與番茄等作物從新大陸帶到歐洲。原本歐洲人將馬鈴薯作為觀賞花，但是18世紀普魯士國王腓特烈二世獎勵農民栽種馬鈴薯而普及開來，進而形成現代德國的飲食文化。因此無憂宮（→P103）的腓特烈二世墓前就供奉著馬鈴薯。

⟪ 供應給全世界的日本白銀 ⟫

根據推測，在全世界流通的白銀中有約三分之一產自日本，且大部分都來自島根縣石見銀礦。

龍源寺間步

江戶中期挖掘出的坑道，全長約600公尺，一直挖採銀礦至1943年（昭和18年）。

小知識　西班牙幾乎征服了整個美洲大陸，但是葡萄牙人的船艦於1500年漂到巴西，使巴西成了葡萄牙的領土，這也是為什麼現在整個南美洲只有巴西使用葡萄牙語。

販售贖罪券的初始動機竟為修築聖伯多祿大殿？

● 衍生出基督新教

西元一五一七年，原為麥地奇家族出身的羅馬教宗良十世，為了籌措聖伯多祿大殿的修築費用，在德意志地區廣泛販售贖罪券，並且聲稱只要購買贖罪券便得以補償一切罪行，獲得上帝的救贖。但是威登堡大學的神學教授馬丁‧路德卻發表《九十五條論綱》強力抨擊教會販售贖罪券的行徑，其號召力甚至擴及德意志全境。一五五五年，在奧格斯堡簽訂的宗教和約裡，認同以馬丁‧路德為首的一派為基督宗教的新派系，自此正式脫離羅馬天主教為基督新教。

瑞士的喀爾文也受到馬丁‧路德的啟發，展開一系列宗教改革運動。他認為「上帝早已決定救贖」，並且鼓勵基督教向來視為罪惡的累積財富行為，這樣的思想主張獲得了工商業者的支持。基督新教中追隨喀爾文教義的有法國的胡格諾派、英國的清教徒，以及荷蘭的丐軍。

在威登堡的城堡教堂張貼《九十五條論綱》

看到羅馬教宗良十世販售贖罪券，馬丁‧路德表示：「人僅會因信仰而獲得救贖，而非因為購買贖罪券。」並且提出了《九十五條論綱》。

威登堡的城堡教堂

位在1502年創設的威登堡大學旁，馬丁‧路德於1512年成為神學教授，而他的墳墓就設在城堡教堂內。

曾經張貼《九十五條論綱》的門

原本是木門，但是在18世紀的七年戰爭中燒毀，並於19世紀中期製成青銅門，新造的門上刻有《九十五條論綱》。但也有人認為當時馬丁並沒有將《九十五條論綱》貼在木門上。

小知識 在德意志協助販售贖罪券的，是以德意志南部的奧格斯堡為據點，因開發礦山與金融業等致富的福格家族。贖罪券的收益會透過福格家族送到羅馬。

{出席沃爾姆斯帝國議會的馬丁‧路德}

1521 年，神聖羅馬皇帝卡爾五世宣召馬丁‧路德出席沃爾姆斯帝國議會，並在沃爾姆斯大教堂的主教宮大廳要求他撤回主張，卻遭馬丁‧路德拒絕。

沃爾姆斯大教堂

正式名稱為聖彼得大教堂。1018 年創建的建築物倒塌後，於 12～13 世紀間建造現在的羅馬式教堂，這也是中世紀德意志敘事詩《尼伯龍根之歌》的故事背景。

沃爾姆斯帝國議會

中世紀時在沃爾姆斯開了 100 次以上的帝國議會。

神聖羅馬皇帝卡爾五世於 1521 年 5 月，發布沃爾姆斯勅令，將馬丁‧路德視為異端後逐出帝國。

馬丁‧路德反駁神聖羅馬皇帝

神聖羅馬帝國的皇帝卡爾五世要求馬丁‧路德撤回批評羅馬教宗的言論後，他回道：「除非能以聖經證明我有罪，否則我無法撤回。這就是我的立場。」而沃爾姆斯的馬丁‧路德像底座就刻有這段話。

{藏身於瓦特堡}

沃爾姆斯帝國議會之後，薩克森選侯國的選侯腓特烈三世，同時也是威登堡大學的創建人，正是他安排馬丁‧路德躲在自己的瓦特堡裡。

將《新約聖經》翻譯成德文

馬丁‧路德待在瓦特堡的 10 個月裡，將希臘文書寫的《新約聖經》翻譯成德文，而他當時待的房間仍保留至今。其卓越的德文，也為現代德文帶來莫大貢獻。

瓦特堡

建造於 1067 年。德意志作曲家華格納依中世紀曾在瓦特堡大廳舉辦的歌唱比賽，於 1845 年推出了作品《唐懷瑟》。

大量印刷的聖經

15 世紀中期，德意志的谷騰堡發明活字印刷機，印刷《九十五條論綱》與《新約聖經》德文譯本，為馬丁‧路德的宗教改革助一臂之力。

小知識 基督宗教曾禁止收取利息，喀爾文持相反意見，這樣的思想促進了商業與金融業發達，進而形成了後來的資本主義社會。

西班牙榮華的象徵 埃斯科里亞爾宮殿

● 成為日不落帝國

經歷過大航海時代與宗教改革，歐洲迎來了國王專制時代（絕對王權），處於核心位置的是透過聯姻擴大勢力的西班牙帝國——哈布斯堡王朝。一五一六年即位的卡洛斯一世，同時也是神聖羅馬皇帝卡爾五世。卡洛斯一世退位後，神聖羅馬帝國的皇位傳給弟弟斐迪南一世，西班牙王位則傳給兒子菲利佩二世。

菲利佩二世繼承了低地國、南義大利、美洲與菲律賓等殖民地，構築了西班牙的黃金時期，他總是待在馬德里的埃斯科里亞爾宮殿裡埋首公務。一五七一年與羅馬教宗、威尼斯組成聯軍，在勒班陀戰役中擊敗鄂圖曼帝國。

一五八〇年葡萄牙王室絕嗣，他以母親是葡萄牙公主的理由加入王位繼承競爭，最後將葡萄牙與其殖民地都收入掌中。此後掌握亞洲交易主導權的西班牙，邁向了足以受讚為「日不落帝國」的繁華。

未完成的卡爾五世宮殿

1526年，神聖羅馬帝國皇帝卡爾五世（西班牙的卡洛斯一世）為了彰顯權勢，開始在阿爾罕布拉宮（→P71）中為自己建設宮殿，但是卻因資金籌措困難而停擺，甚至卡爾五世本人也從未住過。

文藝復興式宮殿

原本規劃的屋頂為圓頂型，現有屋頂則是20世紀完工的

正五世宮殿寬約63公尺，高約17公尺

藝術作品的展覽

2樓的博物館，收藏了西班牙的伊斯蘭藝術，包括奈斯爾王朝的裝飾品等。2樓美術館展覽15~20世紀的格拉納達繪畫與雕刻

圓形中庭

由在佛羅倫斯師事米開朗基羅的西班牙建築師佩德羅·馬丘卡設計，特徵是直徑44公尺中庭內豎立的兩腰列柱，1樓為多利克柱式，2樓為愛奧尼式。

小知識　卡洛斯一世參與神聖羅馬帝國的皇帝選舉時，為其提供資金的是德意志的福格家族與熱拿亞。

菲利佩二世偏好的質樸修道院風宮殿

1563年，菲利佩二世為了記念法軍在聖康坦戰役中勝利，建設了埃斯科里亞爾宮殿。這塊寬208公尺、長162公尺的土地上建有國王的住所、修道院與歷任國王的陵墓等。

格狀宮殿

為記念聖羅倫佐殉教所
建的埃斯科里亞爾宮殿
以整排成格狀

天正遣歐使節的來訪

1582年，九州的大村、大友
承認了4名少年組成的天正遣歐
使節，並應菲利佩二世在宮中接
見，後來造訪埃斯科里亞
爾宮殿。

卡洛斯的悲劇

菲利佩二世的長子卡洛斯因病性情暴躁而喪失，據說與
西班牙之戰，但被廢王。後來相繼文化的著居於此中，
最終波及菲利佩原敕的戰劇作品《西班牙廣場·卡洛斯》
與席勒的戲劇《唐·卡洛斯》法是以悟為原型

建築小故事

世界首家公立銀行

1407年，熱拿亞設立了世界首家公立銀行——聖喬治銀行，是熱拿亞政府唯一用來發行公債的金融機構，負責管理共和國的財政。15世紀末的西班牙國王斐迪南二世與伊莎貝拉一世也將個人戶頭設在此處，與西班牙王室密不可分。

銀行總部位在1260年建設的聖喬治宮內，
外牆的溼壁畫創作於16世紀，經過修復後仍
流傳至今。

小知識 菲利佩二世建設埃斯科里亞爾宮殿時雇用了1500名工匠，包括金雕師與影刻家等，然而繁華的背後卻隱藏著財政困難，因此分別於1557年、1560年、1575年、1596年宣布中止償還債務。

自西班牙獨立的荷蘭首創第一家股份有限公司

● 阿姆斯特丹成為世界經濟中心

支撐西班牙經濟的，是在喀爾文派基督新教主導下，工商業均相當發達的低地國。北部（現在的荷蘭）因紡織輸出而繁榮，南部（現在的比利時）佛萊明則因紡織工業而昌盛。此外，在安特衛普還開設了世界第一個國際股票交易市場，晉升為富強的經濟重鎮。但是菲利佩二世強迫低地國人民改信天主教，剝奪低地國的自治權並課以重稅，導致低地國於一五六八年起義，決定從西班牙統治中獨立（荷蘭獨立戰爭）。戰爭期間，天主教教徒居多的南部十省歸順西班牙，北部七省則持續抵抗，並於一五八一年宣布以低地國（荷蘭）聯邦共和國的名義獨立，後於一六四八年得到國際的承認。

這段期間，荷蘭於一六○二年設立世界第一間股份有限公司——東印度公司，並取得錫蘭與爪哇島等殖民地當作活動據點，在東南亞貿易大獲成功。

世界第一家股份有限公司誕生

1602年，由荷蘭數家貿易公司組成的東印度公司成立，1619年在爪哇島的巴達維亞（現在的雅加達）建構據點，藉由辛香料貿易獲取鉅額利益。

由6家分公司組成

東印度公司是由阿姆斯特丹、鹿特丹、荷恩、恩克赫伊森、台夫特與澤蘭的分公司組成，沒有總公司。

阿姆斯特丹分公司

阿姆斯特丹分公司出資者買進了其他分公司賣出的股票，結果出資額占了一半以上，成為實質上的總公司。阿姆斯特丹分公司的建築物目前歸阿姆斯特丹大學社會學系使用。

歷史祕話

鬱金香狂熱

荷蘭於17世紀迎來急遽經濟成長，其繼承自鄂圖曼帝國的鬱金香大受歡迎，尤其珍稀品種更是吸引了高價收購。從富裕階層到底層者都掀起了鬱金香球根的投資風潮，結果球根的價格於1637年暴跌，使鬱金香經濟泡沫化。

﹝阿姆斯特丹成為世界經濟中心﹞

17世紀，荷蘭因為東印度公司的商業活動發展成繁盛的轉口貿易國家，並在首都阿姆斯特丹建設北歐最初的公立銀行與證券交易所，成為世界金融中心。

舊證券交易所

1602年，隨著荷蘭東印度公司誕生而設立，鉅額出資者幾乎都是從安特衛普戰火中逃離的商人，當時最多可容納5000人，並在圓柱上標有編號的中庭進行交易。現在的磚造建築物完工於1903年，相鄰的新證券交易所完工後，這裡就變成以辦活動的場所。

為什麼會成為世界經濟中心？

當時西班牙為調度資金而在安特衛普發行國債，卻遭視金融交易為卑劣行為的菲利佩二世破壞；同時期法國也因胡格諾派（基督新教）與天主教的對立而爆發宗教戰爭，胡格諾派在各地遭到打壓。身為當時商工業主力的基督新教逃到荷蘭，促進了經濟發展。自此阿姆斯特丹便取代安特衛普，成為西歐最大的商業都市。

與英國東印度公司的經營差異

英國東印度公司會在每次航海發行股票招募金主，回國後再分配利益。荷蘭東印度公司則由分公司出資，每年固定分配利益，據說現金殖利率平均約18%。

阿姆斯特丹銀行

1609年設立。各國商人都會透過這裡的銀行戶頭支付貨款，因此成了國際貿易的金錢往來中心，銀行於1819年關閉。

建築小故事

南非最古老的建築

南非共和國的都市開普敦市政廳前廣場，建有以五邊形外觀為特徵的好望堡，這是荷蘭東印度公司於1666～1679年所建，也是南非共和國最古老建築物之一。荷蘭東印度公司的總督曾經住在此處。

﹝位於台灣的據點 ——熱蘭遮城﹞

1623年，荷蘭想挑戰葡萄牙的亞洲貿易據點——澳門卻失敗，於是轉移目標並於1624年在台南建立熱蘭遮城，將其打造為對中國、日本的貿易據點。

遭明朝遺臣攻下

1661年，明朝遺臣鄭成功率領25000兵力侵略台灣，攻下了熱蘭遮城，以台南為據點繼續對抗清朝。

小知識 　據說安特衛普人口曾達10萬人，但是荷蘭獨立戰爭後驟減至4萬人。低地國的意思是「低窪土地」，因此這個區域的各大都市都建築了水壩避免河水或海水流入，現在荷蘭的阿姆斯特丹等名字中有「丹（dam）」的都市多半是因水壩而命名。

在倫敦咖啡館誕生的世界第一個保險

●取代荷蘭成為世界經濟中心

一五五八年登基的伊莉莎白一世，迎來了英國的絕對王權時代。從新大陸取得的白銀造成歐洲物價高漲，原本就不適合種植穀物的英國，朝著工業國家轉型。十五世紀末展開圈地運動，領主與地主紛紛從農民手中奪走農地改成牧場，尤其北海沿岸區域更將佛萊明地區視為競爭對手，致力於打造紡織工業中心。

在這樣的社會演變下，英國開始進軍海外以追求新的出口國，因此於一六〇〇年設立東印度公司，透過印度與東南亞貿易，成功創造龐大利益。

十七世紀後半，英國在三次英荷戰爭中戰勝荷蘭，奪得海上霸權，使全世界的貿易商船開始聚集在首都倫敦。一六八八年，倫敦港附近的洛伊德咖啡館，更成立了如現代損害保險的保險制度。當時的喬納森咖啡館內會進行股票交易，被視為倫敦證券交易所（→124頁）的前身。

⟮ 英國東印度公司的設立 ⟯

1600年設立的東印度公司，從伊莉莎白一世手中獲得包括亞洲貿易的獨占權等特權，但是在1623年的安汶大屠殺中輸給荷蘭，便轉將重點擺在印度與中國貿易上。

進口印度的棉布

東印度公司在加爾各答、清奈與孟買都設有據點，展開以印度產棉織物為主的交易

文職大廈

加爾各答曾到1911年都曾是英國統治印度的據點，當時東印度公司書記官商公的文職大廈也留存至今

何謂安汶大屠殺

1623年，安汶島的荷蘭商館館長，殺害疑似襲擊荷蘭商館的英國商館館長等人，並驅逐英國勢力。

小知識　1607年，104名英國人前往新大陸，在北美東海岸建設了詹姆士鎮（維吉尼亞殖民地），三角形堡壘的內部設有住宅、教堂與倉庫等。

躍升為社交場合的咖啡館

咖啡在伊斯蘭世界原本是振奮精神的藥物，17世紀時以休閒飲品在歐洲普及化，連倫敦也到處都是咖啡館，並成為交換資訊的場所。

洛伊德咖啡館

1688年，愛德華·洛伊德在泰晤士河畔開了知名的咖啡館，船主及商人們開始到咖啡館來傳遞最新消息與租借船隻，這裡也因咖啡香氣成為交換船隻保險等消息的場所。為咖啡館的後裔就是現在的倫敦市場。

倫敦就有 8000 家咖啡館

1650年，牛津出現了英國第一家咖啡館，並於 1652 年在倫敦登場，到了 17 世紀初期光是倫敦就有 3000 家咖啡館，咖啡館的門票與咖啡錢都是 1 便士（約等於現代的 140 元），店內還備有報紙供由閱讀。

成為世界最大的保險公司

洛伊德咖啡店·保險公司的客戶形成了咖啡館，正式名為洛伊德保險社（勞合社），現在是英國保險與市場的中心組織。

日本第一份得到洛伊德保險的，是第一任派出駐的英商所案內的（1853年），並於 1900 年出現日本第一家洛伊德保險指定理店。

倫敦金融城的總公司大樓

位在倫敦金融城東端的總公司大樓竣工於 1986 年，是建築師理查·羅傑斯打造的近代建築。設在外側的玻璃帷幕電梯是英國首創，竣工典禮時伊莉莎白女王也有出席會場。

建築小故事

伊莉莎白一世創設的三一學院

英國的宗教改革都是由國王主導，亨利八世於 1534 年成立了以國王為首的英國國教會，伊莉莎白一世的時代則制定了統一法案，確定了國教會的體制──教義依循基督新教，教堂禮儀等則採天主教形式。位在愛爾蘭都柏林的三一學院，是伊莉莎白一世於 1592 年為了在該地推廣新教而設立，1970 年起則允許天主教徒入學。

知名畢業生包括劇作家王爾德等人。

小知識　1636 年將北美納入殖民地的英國人，在現在麻薩諸塞州的劍橋創設大學，並依約翰·哈佛牧師之名取名為哈佛大學。

撼動英國王權的兩場革命
懸掛西敏廳的護國公頭顱

● 在專制政權之後確立了君主立憲制

伊莉莎白一世逝世後，繼承者詹姆士一世與其子查理一世依循君權神授說展開獨裁政權，英國國內分裂為保皇派與議會派，並於一六四二年爆發武力衝突（清教徒革命）。在議會派中企圖推翻國王的獨立派克倫威爾活躍下，議會派戰勝了保皇派，並處決了查理一世。然而克倫威爾卻延續了獨裁政權，後來查理一世之子——逃亡至法國的查理二世於一六六〇年即位（王政復辟）。據說查理二世用矛穿刺殺死父親的克倫威爾頭顱，並懸掛在西敏廳的屋頂上。

但是查理二世與繼位的詹姆士二世都實施專制政權，因此議會決定從荷蘭迎回詹姆士二世的長女——信奉基督新教的瑪麗二世與夫婿奧蘭治親王威廉三世（光榮革命）。隨後制定立法、財政與軍事等均須遵循議會意志的法典，確立了以議會主權為基礎的君主立憲制。

「清教徒革命」的起源地——西敏宮

11世紀作為王宮興建，1547年起轉型為國會議事堂。1642年，下議院通過了反對絕對王權的《大諫章》時，查理一世率軍闖入試圖逮捕議會派議員卻失敗，使對立升至清教徒革命。

重建過的宮殿
宮殿於1834年的大火中幾乎完全燒毀，直到1860年才重建。第二次世界大戰也曾蒙受損害，後來才又復原成往昔之姿。

嚴禁國王踏入
清教徒革命之後就嚴禁國王踏入下院議場。

遭曝曬的頭顱去向
被掛在西敏廳屋頂曝曬的克倫威爾頭顱，在多人經手之後於1960年安置在他的母校劍橋大學的雪梨・薩塞克斯學院。

高約102公尺的維多利亞塔是國王專用出入口。

伊莉莎白塔（鐘樓）高度約96公尺，設有單人監禁室，曾用來關押妨礙國會審議者。

小知識 認為王權是由神所授予，其權威是絕對不可侵犯的政治思想稱為君權神授說。由於議會派以清教徒居多，所以才會稱為清教徒革命。

⦗ 支撐英國海運的格林威治皇家天文台 ⦘

1675年，查理二世為了使英國更加繁榮，在倫敦郊外設立了格林威治皇家天文台。隨著航海技術不斷進步，英國開始在各地建設殖民地，終於成為世界的帝國。

頻繁的海難

16世紀已經能夠透過太陽與北極星的高度測量緯度（南北位置），卻尚無從測量經度（東西位置），所以經常發生觸礁事故。

英國的航海技術推陳出新，先是通過天文台幫助海上的船隻得知正確位置，後又於18世紀後半發明了航海經線儀，透過太陽到達最高處的時間測量經度。

成為經度的基準

1884年，在美國華盛頓哥倫比亞特區舉辦的國際會議決定，為了統一全世界的時間，明訂以格林威治皇家天文台為經度基準點。

下午1點的信號

1833年設置了告知時間的裝置，這顆球會在12時55分徐徐上升，到達頂點後又在下午1點開始下降。

建築小故事

屬於英國王室的雅士谷賽馬場

首都倫敦西側約40公里處的雅士谷賽馬場屬於英國王室，是1711年由安妮女王建造，並於8月舉辦第一場賽事。每年6月都會舉辦由英國王室主辦的賽事——皇家雅士谷賽馬，當日王室成員都會到場，其時尚打扮自然也成了矚目焦點。

高級觀眾席有服裝規定，男性必須頭戴絲綢帽、身穿燕尾服，女性必須穿戴帽子與洋裝。

小知識　伊莉莎白女王居住的白金漢宮建造於1703年，是經過一番增建與改建後，才於維多利亞女王（→P124）時代起成為王宮。

太陽王的權力巔峰象徵 法國政治中心凡爾賽宮

● 為國內產業與亞洲貿易推波助瀾

宗教改革的浪潮同樣傳到天主教國家法國，並於一五六二年爆發宗教戰爭。一五八九年登基的波旁王朝亨利四世從胡格諾派改宗天主教，以一道南特詔書承認信仰自由，才終結這場戰爭。繼承亨利四世的路易十三逐步頒布強化王權的政策，包括任命樞機主教黎希留為宰相、派遣直屬國王的官僚至各地、喊停全國人民代表組成的三級會議等。

路易十四僅四歲即位，幼少時期由宰相馬薩林攝政，在馬薩林主導下不斷擴張王權。路易十四親政後，重用財政大臣柯爾貝爾推行重商主義政策，並於一六六四年重設東印度公司。路易十四藉高關稅保護國內產業之餘，還以皇家名義成立特許製造工廠，生產紡織品與高布林織品等出口商品，在亞洲貿易投注不少心力。另一方面，也在凡爾賽鎮建造新宮殿以彰顯權力，迎來法國絕對王權的全盛時期。

象徵絕對王權的羅浮宮

羅浮宮原本是 1190 年建設的要塞，14 世紀才改建成宮殿。1546 年，法蘭索瓦一世拆除原本的建築物，著手打造文藝復興式的新王宮，此後每任國王都依自己的意思增建或改建，最後於 19 世紀完成現在的型態。

鐘亭
路易十三時代拆除了仍維持中世紀城塞模樣的北翼與東翼，並擴張了西翼與南翼，此外也於西翼中央設置「鐘亭」。

東側立面
建築於路易十四的時代，特徵是科林斯柱式的壯觀雙柱。

從宮殿轉型成博物館
法國大革命（→P.112）爆發後的 1793 年，羅浮宮轉型成國立博物館，對外公開法國王室所收藏的藝術品。

小知識 17世紀後半，柯爾貝爾整合了散布於巴黎各地的綴織壁毯，並設立高布林紡織工廠。並由路易十四的宮廷畫家，負責凡爾賽宮裝飾等的夏爾・勒布倫監工，當時的建築物也成功保留至現代。

｛法國第一個廣場｝

終結宗教戰爭的亨利四世著手巴黎的都市改造，並於1605年打造出原本沒有的「皇家廣場」（路易十三在位期間的1612年完工）。法國大革命後改名為「孚日廣場」。

孚日廣場

廣場是邊長約140公尺的廣場。基地中央於1680年新設庭園。1800年，拿破崙為了表揚第一個繳稅的孚日省，而更名為孚日廣場。

貴族宅邸環伺

廣場周邊有36座以紅磚與奶油色石塊打造的宅邸，設有路易十三時代才出現的陽台。主要居民包括路易十三的宰相——榮希留與作家雨果・維克多等。

｛象徵「太陽王」榮光的凡爾賽宮｝

1682年，路易十四在凡爾賽鎮建設了新的宮殿，並將羅浮宮的宮廷與政治功能都轉移至凡爾賽宮。

象徵絕對王權的宮殿

路易十四要求臣子住在宮內或周遭街區，以便監視他們的動向。17世紀後半，宮內住了4000人，周遭則住有14000人。

強化國王威嚴的手段

路易十四將宮中生活完全化為儀式，並要求貴族遵守嚴謹的禮儀與作法。

在匚字型的中心宮殿左右增建了南翼與北翼，北翼1樓的歌劇院曾舉辦過路易十六與瑪麗安東尼的婚宴。

小知識　1666年，柯爾貝爾為了製作精確的法國地圖，創設科學院並從義大利招聘天文學家喬凡尼・卡西尼，卡西尼一家四代精心調查了法國的國土後，於18世紀交出了法國全境的詳細地圖。

伊斯蘭與印度的融合
紀念愛妻的泰姬瑪哈陵

● 藉融合政策打造長期政權

一五二六年，曾稱霸中亞的帖木兒帝國，其後裔巴布爾，成立了印度最後的伊斯蘭王朝——蒙兀兒帝國。到了第三任皇帝阿克巴的時代，幾乎統治了整個印度。

阿克巴為了穩固政權，並未強迫國民改信伊斯蘭教，也廢止了對非穆斯林課徵的吉茲亞（人頭稅）。此外阿克巴也透過迎娶印度教教徒女性等，展現出對宗教的寬容。融合政策成功奏效，為蒙兀兒帝國構築了直到十九世紀的長期政權。

到了第五任皇帝沙賈汗的時代，還萌生了融合印度教與伊斯蘭教文化的印度伊斯蘭教。沙賈汗為愛妻慕塔芝・瑪哈建造的泰姬瑪哈陵，即為其代表作。

繼承沙賈汗王位的第六任皇帝奧朗則布，則將帝國勢力拓展至南印度，為蒙兀兒帝國開拓了統治史上最遼闊的國土。

〔 第三任皇帝阿克巴留下的遺跡 〕

蒙兀兒帝國第三任皇帝阿克巴將首都從德里遷到亞穆納河下游的亞格拉。帝國的政權於1571～1585年之間都在新都法泰赫普爾西克里運作，後來才因水源不足而遭放棄，並將拉哈爾（巴基斯坦）定為新的首都。

法泰赫普爾西克里
由宮廷區與清真寺區組成，宮廷區有宮殿等政務執行空間，以及寢殿、後宮等私密空間。

侍女樓
據說是皇帝與嬪妃們乘涼用的5層樓建築，前方則有宮廷女性玩耍的十字戲場。

第瓦尼卡斯
皇族私人會面或商談所使用的空間，特徵是融合印度教與伊斯蘭樣式的蒙兀兒樣式。

拉哈爾城
16世紀後半，阿克巴在日曬磚建成的既有城塞上，建築了以燒製磚、砂岩與白色大理石組成的新城，後來每一任皇帝也都曾加以增建或改建。

小知識　「蒙兀兒」這個國名源自於蒙古帝國。17世紀後半，奧朗則布在拉哈爾城內建設了巴德夏希清真寺，是世界上規模最大的清真寺，邊長160公尺的中央廣場一口氣可以容納10萬人的禮拜。

﹛第五任皇帝為愛妻建築的泰姬瑪哈陵﹜

1632年，蒙兀兒帝國第五任皇帝——沙賈汗為了追悼王后慕塔芝・瑪哈而建設陵墓，歷經22年的歲月才完成泰姬瑪哈陵。

白色大理石陵墓

中央圓頂為雙層結構，外側高約65公尺、內側高約24公尺，下方的拱門象徵「通往天國之門」。地下墓室擺放著沙賈汗與慕塔芝・瑪哈的墓碑真品。

為建設動員了2萬名工匠與1000頭大象。

曾打算在對岸建築黑色陵墓？

沙賈汗曾打算在亞穆納河的對岸，為自己建設以黑色大理石組成的陵墓，並以橋連接至泰姬瑪哈陵，後來卻遭第3個兒子奧朗則布軟禁於亞格拉城，並於1666年逝世。

高約40公尺的宣禮塔稍微向外側傾斜，是為了避免倒塌時撞壞陵墓。

建築小故事

印度教國王建築的宮殿

在蒙兀兒帝國統治印度的期間，也與西北部拉賈斯坦邦的印度教王國——齋浦爾簽訂保有當前勢力的協議。1728年，賈伊・辛格二世將首都遷至新都市齋浦爾。並於1799年建設5層樓高的風之宮（Hawa Mahal）。

用紅色砂岩打造的宮殿正面形體，象徵的印度教神明奎師那的頭冠。

小知識 奧朗則布破壞印度教寺院並恢復吉茲亞，引發與非伊斯蘭教徒之間的激烈對立，成了造成帝國衰亡的一大原因。

天帝居所對應地上人間
以北極星為名的紫禁城

● 確立了中國全境統治制度

十六世紀，歐洲各國進軍海外。大明帝國與海外的貿易也相當熱絡，南美洲與墨西哥產的白銀大量流入中國，甚至在農村也相當普及。十六世紀後半中國推行一條鞭法，合併地稅與丁稅以白銀徵收。然而十六世紀末帝國內部動亂頻發，最後在一六四四年遭李自成率領的農民反叛軍推翻。於中國東北崛起的女真族後金政權（大清）擊潰李自成軍並占領北京，第三任皇帝順治帝正式在北京登基，以大明帝國後繼王朝為世界所知。明朝的永樂帝於十五世紀初建設的紫禁城，因李自成之亂而荒廢，在清代重建後作為皇帝居城，直到末代皇帝溥儀在位時始終是政治中樞。

以明君聞名的第四任康熙皇帝，在鎮壓三藩之亂並與俄羅斯劃定國界之後，正式確立中國全境的統治而帶來太平盛世。他也禮遇耶穌會傳教士南懷仁，由他鑄造的大砲也在平定三藩之亂時發揮莫大影響。

埋葬明朝皇帝的「十三陵」

這是 15 世紀由明朝第三任皇帝永樂皇帝建設在北京北邊的天壽山山麓，此後至第十七任的崇禎帝都埋葬於此（第七任景泰帝除外）。總面積為 40 平方公里。

定陵
完工於 1590 年的第十四任萬曆帝陵墓，據說挹注了相當於國家兩年稅收的金額。

遭挖掘的地下宮殿
十三陵中唯一被挖掘的，是 1956 年開挖的定陵地下宮殿，出土的有絲綢與珠寶飾品等數千件陪葬品，還發現了鑲有象徵帝后的龍鳳寶座。

歷史祕話
倭寇其實不是日本人？
14 世紀在中國沿岸活動的海盜，是以日本人為主的走私者，稱為前期倭寇。16 世紀盛行的倭寇則以中國人為主（後期倭寇）。1543 年將火槍傳到日本種子島的葡萄牙人，據說搭乘的就是後期倭寇王直的船。

小知識　1710 年，康熙皇帝下令編撰字典，並於 1716 年完成了超過 4 萬字的《康熙字典》，現代仍在使用中。

╲ 明清皇帝的居城──紫禁城 ╱

1407～1420年由明朝第三任永樂帝建設於北京的紫禁城,是皇帝生活的宮殿,一直到清朝滅亡的1912年為止,共有24任皇帝在此居住與運籌帷幄。

左右對稱的宮殿

依循古代皇宮的建築思想與風水,使建築物沿著南北軸左右對,以太和殿為中心,北側是皇帝與皇族居住的內廷,南側則是舉辦朝廷儀式的外朝。

太和殿

位在紫禁城中央的政治中樞,設有寶座所在的廳堂,典禮與國家事務都在此進行。

╲ 傳教士建構的 天文台觀測儀器 ╱

北京的古觀象台建造於1442年,是世界最古老的天文台,明清兩朝都會在此觀測天文。現存的觀測儀器是清朝耶穌會傳教士南懷仁所製作。

任命傳教士為天文台首長

在明朝打造崇禎曆書的耶穌會傳教士湯若望,受大清帝國的皇帝任命為欽天監監正(天文台首長)。

小知識　原本西伯利亞的尼布楚,是為供俄羅斯軍隊駐紮所建設,但是中俄於1689年在此處簽訂劃分國界的條約後,便演變成交易據點。

布拉格新教徒爆發抗議 點燃宗教戰爭的拋窗事件

● 神聖羅馬帝國的死亡證明書

一六一七年，哈布斯堡家族出身且信仰天主教的斐迪南二世，繼承奧地利屬地——波希米亞（現在的捷克）的王位，並強迫領民改宗天主教，造成基督新教諸侯強烈的反彈。新教徒於一六一八年闖進布拉格城堡，將國王的三名大臣拋出窗戶，間接點燃三十年戰爭的戰火。

隔年，斐迪南二世當選為神聖羅馬皇帝，促使戰爭進一步演變成天主教國家神聖羅馬帝國，與波希米亞基督新教諸侯的局勢。基督新教國家丹麥、瑞典，甚至是天主教國家法國，都為了對抗哈布斯堡家族而選擇成為波希米亞的盟軍，紛紛參戰。由於西班牙支持哈布斯堡家族，使戰爭發展成國際紛爭，持續數十年仍難以平息，直到一六四八年簽訂西發里亞和約後才終於落幕。神聖羅馬帝國承認德意志約三百名貴族的主權，帝國正式形成許多主權國家林立的聯合體。

⟨ 掀起三十年戰爭的布拉格城堡 ⟩

現在作為總統府使用的布拉格城堡源自於9世紀，並在14世紀波希米亞國王卡雷爾一世（神聖羅馬皇帝卡爾四世）的改建下幾近完成。

布拉格城堡

基地內建有舊王宮、聖維特主教座堂與聖喬治大殿等，其中聖維特主教座堂地下設有卡爾四世的陵墓。

哈布斯堡家族時代的首都是維也納，1583年才由神聖羅馬皇帝兼波希米亞國王魯道夫二世遷至布拉格，據說他整日都關在王宮裡。

布拉格王宮擲窗事件

1618年，基督新教的貴族為抗議神聖羅馬帝國的君主迫害宗教自由，憤而將直屬國王的大臣從王宮窗戶擲出。舊王宮仍保有當時的窗戶。

小知識　布拉格城堡內的聖喬治大殿建築於10世紀，立面增建於17世紀。聖維特主教座堂同樣創建於10世紀，但是現在可以看見的建築物是卡爾四世於14世紀建造，內部有捷克畫家慕夏打造的彩繪玻璃。

締結停戰協議的卡雷爾大橋

布拉格最古老的石橋──卡雷爾大橋（查理大橋），是由神聖羅馬皇帝卡爾四世下令於1402年建造。當時就在全長約520公尺的卡雷爾大橋中央，締結了三十年戰爭的停戰協議。

聖人雕刻

橋墩兩側各刻有30尊聖人像，仿效古羅馬時期的雕刻風格，並完成於17～19世紀。其中一尊是16世紀到日本傳教的耶穌會聖方濟・沙勿略雕像。

步行專用橋

連結王宮與舊市街的卡雷爾大橋，是19世紀唯一跨越伏爾塔瓦河的橋，1965年禁止汽車通行，現為步行專用。

橋上曾辦過騎士競技，也曾處死過罪犯。

灰泥塗料中加了蛋白補強。

建築小故事

分別在兩處進行的和談

1641年開始的三十年戰爭，分別在德國西發里亞地區的明斯特市（天主教諸侯主導）與奧斯納貝克市（基督新教諸侯主導）舉行和平談判，但是據說各方代表拒絕同時出席。1648年締結的《西發里亞和約》中承認了瑞士與荷蘭獨立，但是這時德法又針對法國取得的亞爾薩斯地區展開激烈爭奪戰。

舉辦和談會議的奧斯納貝克市政廳，現仍保存當時交涉的會議廳。

小知識　這時期的德國政治上尚未統一，仍是神聖羅馬帝國旗下大大小小的領邦。天主教國家法國則為了削弱哈布斯堡家族勢力，而站在基督新教這一邊。

普魯士國王與啟蒙思想家深入交流的無憂宮

● 藉礦產躍升為強國

據說三十年戰爭後，德意志的人口減少了四分之一，經濟陷入停擺。德意志東部損傷較少的普魯士王國趁勢崛起，並於第二任國王腓特烈・威廉一世的時代確立絕對王權，後來在自稱「國家第一公僕」的第三任國王腓特烈二世時代迎來全盛時期。

腓特烈二世深受啟蒙思想影響，會於親自參與設計的波茨坦無憂宮裡，每夜與啟蒙思想家伏爾泰等文學家或學者聚會。

一七四〇年，神聖羅馬皇帝卡爾六世駕崩，遺詔指定長女瑪麗亞・特蕾莎的夫婿繼承帝位。腓特烈二世與諸國國王不承認女性繼承權並介入（奧地利王位繼承戰爭），戰爭使普魯士王國獲得礦產豐富的西利西亞地區，並在七年戰爭中確定了西利西亞地區的所有權。就這樣普魯士王國鞏固了在德意志的地位，躍升為歐洲列強的一員。

《 普魯士王國成立 》

13世紀，波羅的海沿岸的條頓騎士團征服普魯士地區，並於16世紀成為普魯士公國。1618年，普魯士與德國貴族霍亨索倫家族統治的布蘭登堡選侯國合併，正式出現布蘭登堡－普魯士公國，並於18世紀初期升格為王國。

霍亨索倫城堡

位在德意志南部的霍亨索倫家族，居住在11世紀建造的城堡，並於1867年重建為現在的模樣。

德意志皇帝輩出

霍亨索倫家族於18世紀的西班牙繼承戰爭中，站在哈布斯堡家族這一邊，並於1701年成為普魯士王國的國王，1871年由威廉一世成為德意志帝國的第一任皇帝。

城堡現仍屬於霍亨索倫家族後代所有，展示著腓特烈二世的軍服與普魯士王國的王冠等。

小知識　啟蒙思想否定受舊有傳統權威束縛的社會與習慣中不合理的行動，重視依循自己的理性所表現出的行為。

ᕳ 療癒腓特烈二世心靈的無憂宮 ᕲ

1740年即位後，就將普魯士王國推上歐洲列強的腓特烈二世，於1745年起耗費兩年建造了無憂宮，並在此度過約40年的歲月直到離世。

洛可可式建築的代表

這間象徵「無憂」的宮殿中有12間房間，甚至還為伏爾泰準備了專屬房間。此外也曾邀請巴哈等人在音樂演奏廳舉辦音樂會，當時腓特烈二世也會吹奏長笛。

由於建造在王室的葡萄園內，所以裝飾都是象徵葡萄的圖紋。

庭園裡的中國茶館

18世紀的歐洲流行中國風（Chinoiserie），因此無憂宮也設置了中式庭園。

ᕳ 參與「外交革命」的龐巴度夫人 ᕲ

在奧地利王位繼承戰爭中失去西利西亞地區的瑪麗亞・特蕾莎，找上了法國國王路易十五的情婦龐巴度夫人，並與對立達200年以上的法國結盟（外交革命），另一方面也與俄羅斯的女皇伊莉莎白・彼得羅芙娜聯手與普魯士王國打起七年戰爭，但仍無力收回領土。

龐巴度夫人的戴佛爾大廈

龐巴度夫人於1753年買下了戴佛爾伯爵於1722年建築在巴黎的戴佛爾大廈並加以改裝，當時巴黎人將此稱「國王娼婦之宅」。1873年起作為總統官邸使用（艾麗榭宮）。

深受國王寵愛的龐巴度夫人，用國家的錢在自己的領地建造喜歡的城堡，包括克雷西城堡與貝爾維城堡等。其中塞尚克爾城堡現在屬法國外交部管轄，平常作為國際會議廳或迎賓館使用。

小知識　普魯士王國的軍隊與官僚是以名為「容克」的領主階級為中心，藉此整頓出完善的官僚制度與強大的軍隊。當時普魯士王國的人口約200萬人，軍隊人數就多達8萬人。

通往西歐的海洋出口
新都聖彼得堡的建設

● 以西歐為範本的要塞與宮殿

俄羅斯至十五世紀都還受蒙古統治，一四八〇年才由莫斯科大公國的伊凡三世統一俄羅斯的東北部。

十六世紀，莫斯科大公國的勢力在伊凡四世拓展至南峰。伊凡四世逝世後，遲遲沒有強而有力的沙皇，導致莫斯科大公國內亂不斷。一六一三年登基的米哈伊爾一世開創羅曼諾夫王朝，在彼得大帝的時代確立沙皇專制。彼得大帝為獲得貿易港口而擴張領土，東至西伯利亞、南至黑海北端的亞速海，西邊則藉大北方戰爭擊敗瑞典，進占波羅的海。戰後彼得大帝在波羅的海建設新都——聖彼得堡，有「西歐之窗」之譽。

但是波羅的海沿岸港口卻有冬天結冰，導致船隻無法出海的缺點。因此葉卡捷琳娜二世為尋求不凍港而積極南下，透過俄土戰爭擊退鄂圖曼帝國，併吞了克里米亞汗國，取得面向黑海的克里米亞半島。

俄羅斯與西伯利亞的一部分，廣闊的領土達到史上巔

《 新都的建設從要塞開始 》

彼得大帝為推動俄羅斯的近代化，親自視察西歐，以西歐為範本建造了聖彼得堡，並於1712年從莫斯科遷都至聖彼得堡。

彼得保羅要塞

1703年，彼得大帝為防止瑞典海軍入侵而著手建設防禦據點，他填埋了涅瓦河的河口，建造了彼得保羅要塞。內部的主教座堂則為羅曼諾夫家的陵墓，彼得大帝也長眠此地。

政治犯的監獄

要塞也用來收押政治犯，從關押過杜斯妥也夫斯基與高爾基等人，1917年發生俄國革命時，革命軍就使用了武器庫裡的槍。

六邊形要塞的邊角都設有三角形的稜堡。

對歐窗口

1825年即位的尼古拉一世說過：「聖彼得堡是俄羅斯人的城市，但是聖彼得堡不屬於俄羅斯。」

小知識　伊凡三世娶舊拜占庭帝國的公主為妻，自詡為拜占庭帝國的繼承者，此後開始使用代表皇帝的稱號「沙皇」。／俄土戰爭中，俄羅斯獲得了鄂圖曼帝國領地內的希臘正教徒的保護權，舉著大義的旗幟與鄂圖曼帝國打起克里米亞戰爭。

﹛女皇建造的「夏宮」﹜

1756年，女皇伊莉莎白・彼得羅芙娜將聖彼得堡郊外的夏季離宮，改建成富麗堂皇的宮殿，並以母親之名命名「葉卡捷琳娜宮」。以鮮豔天空藍為特徵的主要立面寬約300公尺，有55間房間。

造訪宮殿的日本人

18世紀末，漂流到俄羅斯的商人——大黑屋光大夫，於1791年在葉卡捷琳娜宮拜見葉卡捷琳娜二世，隔年搭乘遣日使節拉克斯曼的船回國。

琥珀廳

以金黃色琥珀裝飾的琥珀廳，是1716年普魯士國王送給彼得大帝的禮物，但是第二次世界大戰時遭德軍拆解運回，至今下落不明。現在的琥珀廳是2003年與德國一起修復的。

歷史秘話 慘遭分割的波蘭

1572年雅蓋隆王朝斷絕後嗣，波蘭便引進選舉制，然而每次選舉都會發生內亂導致國力衰退。後來分別於1772年、1793年、1795年割地給俄羅斯的葉卡捷琳娜二世、普魯士王國的腓特烈二世，以及奧地利的約瑟夫二世，最終完全消滅。直到第一次世界大戰後的1918年才以獨立國家的身分復國。

至17世紀為止首都都是克拉科夫，國王則居住在瓦維爾城堡。

小知識

琥珀廳是以18片板子的形式贈送，最初設置在冬宮（→P139），後來由伊莉莎白・彼得羅芙娜移設至葉卡捷琳娜宮，並且下令從柏林取得更多琥珀加以裝飾，最終完成面積55平方公尺的琥珀廳，換算成現代貨幣後的價值達20億元以上。

從新阿姆斯特丹到紐約
英國與荷法的北美爭奪

● 英國獲勝

十七至十八世紀，各國開始激烈爭奪殖民地。

十七世紀，因東亞貿易而霸權在握的荷蘭，於一六二一年成立西印度公司，並於一六二六年在北美洲建設新阿姆斯特丹，展開了對美洲的經營。但是卻在一六五二年的第一次英荷戰爭中吃了敗仗，不僅國力衰退，連新阿姆斯特丹都落入英國手中，並改名為紐約。紐約西側有塊遼闊的法國殖民地──路易斯安那，東西橫跨密西西比河，這使英國與法國開始爭奪北美利益與權力，展開了與七年戰爭並行的英法北美戰爭。

印度的英國東印度公司傭兵團，也與法國、印度當地貴族軍隊產生激烈衝突（普拉西戰役）。結果英國獲勝，與法國簽訂了巴黎條約，從法國手中取得加拿大與密西西比河以東的路易斯安那。此外密西西比河以西的路易斯安那則割讓給西班牙，失去北美領土的法國不得不宣告撤退。

《 為調度戰爭經費而設立英格蘭銀行 》

英國與法國的殖民地戰爭長期化，為了調度戰爭經費而在議會同意下發行國債，並於1694年成立私營的英格蘭銀行以負責國債業務。

發行英格蘭銀行券

英國發行了銀行券以交換金幣，藉此執行國債的銷售，1833年又將英格蘭銀行券視為法定貨幣。

國有化的中央銀行

1844年從政府手中獲得獨占貨幣發行權後，民間經營的英格蘭銀行就成了實質上的中央銀行，並於1946年正式國有化。

總行座落在倫敦金融城中心，原本設有女像杜（Caryatid）。但是於1930年的改裝工程中撤除。

小知識　英格蘭銀行於1788年至1830年接受建築師約翰・索恩的改建，但是1930年代建築師哈佛・貝克為了擴張空間，幾乎拆光了索恩建造的部分。1988年才復原索恩打造的證券部，並轉型為博物館對外公開。

⟨ 從新阿姆斯特丹變成紐約 ⟩

1626年，荷蘭以低廉的價格從原住民手中購得曼哈頓島，建設新阿姆斯特丹作為貿易據點，1664年讓渡給英國並更名為紐約。

現在的紐約

英國占領後的紐約被賦予港灣都市的地位，1785年成為獨立的美利堅合眾國的首都，後來又於1790年建設了新首都華盛頓哥倫比亞特區（→P.111）。

阿姆斯特丹要塞

新阿姆斯特丹建有守護城市的要塞，但是主要要塞於1790年就幾乎全部拆除，後來便在從前當為要塞的地方建設了雄偉高大、漢密爾頓美國海關大樓。

歷史祕話　南海泡沫事件

1700年，西班牙的卡洛斯二世逝世後，法國國王路易十四之孫——菲利佩五世即位。反對新國王的英國與奧地利等便向法國宣戰，爆發了西班牙繼承戰爭。為了調度戰爭經費而濫發國債的英國，因為苦於償還利息而於1711年設立了還債專用的南海公司，以中南美的西班牙領殖民地與奴隸貿易獨占權代替國債。雖然1720年1月才128英鎊的股價，不過半年就超過1000英鎊，但是人們發現無法從這場交易中獲利時，股價就急轉直下。同時英格蘭銀行與英國東印度公司的股價也跟著暴跌，導致投資人陸續破產，形成社會問題。

南海公司。據說科學家牛頓也蒙受了2萬英鎊的損失。

小知識　法國於17世紀前半，在加拿大開拓了魁北克殖民地，17世紀後半又在密西西比河流域建設路易斯安那。路易斯安那的名稱源自於國王路易十四。
／七年戰爭後簽訂的條約，使英國從西班牙手中獲得佛羅里達。

世界第一座鐵橋

● 棉花工業與鋼鐵工業擴張

十八世紀，打贏殖民地戰爭的英國國內發生工業革命，工業革命的起因包括殖民地帶來豐富的煤，能夠取代原本當作能源的木炭、確保了殖民地的市場與原料供應、移民容納處等。

工業革命始於棉花工業，原本的紡織品原料以羊毛為主，但是從印度傳來棉布製品後，就徹底改變了服飾產業。相較於不能清洗而成為傳染病溫床的羊毛織品，便宜又能夠水洗的棉布織品立刻就滲透了整個社會。受到打擊的羊毛織品業者只能改變商業模式，開始在美洲南部等經營奴隸制種植園，構築能夠便宜採購棉花的系統，以降低製造成本。另外也引進使用蒸汽技術的織布機與紡線機，就這樣生產出凌駕印度商品的廉價棉製品，進而擴大了出口量。工業革命的風潮也吹到了鋼鐵工業，一七七九年，英國中部的塞文河就搭建了全球第一座鑄鐵拱橋──鐵橋。

﹛工業革命の象徵「鐵橋」﹜

1709年，亞伯拉罕‧達比在塞文河旁的柯布魯克戴爾開設鋼鐵工廠；
1779年，其孫達比三世打造出世界第一座鐵橋（1781年開通）。

昂貴的建設費用

最初報價的建築費用為3200英鎊，但是實際上卻花了6000英鎊。儘管達比三世實現了偉業，卻因此終生負債。

步行專用橋

全長約60公尺、寬約7公尺，總重量約400噸的鐵橋，是由5列鑄鐵肋支撐。1934年起被列為紀念建築而禁止汽車行駛，至今僅供步行使用。

> **歷史秘話**
>
> ### 古羅馬的蒸汽技術
>
> 藉蒸汽熱力驅動機械的技術，早在羅馬帝國時代就已經出現。亞歷山卓的神殿大門就是藉由篝火加熱水以製造蒸汽，並用蒸汽自動開啟神殿門。

鐵橋所使用的鐵都是在柯布魯克戴爾的鋼鐵工廠鑄造的。

蒸汽火車的發明與運輸革命

工業革命以前主要是以水路運送物資，但是1804年發明了速度更快且運輸量更大的蒸汽火車，並於1825年實際上路。1830年在工業都市曼徹斯特與貿易港利物浦之間正式運行。

利物浦－曼徹斯特鐵路

載運貨車與客車的火箭號穿梭於利物浦與曼徹斯特之間，全長43公里約行駛4.5個小時。當時的車站與倉庫等就是現在的曼徹斯特科學產業博物館。

鐵路時代的揭幕

1830年起的40年間，英國鋪設達21700公里的鐵路。世界各地也展開鐵路的鋪設，鐵路成了物資的陸上運輸主要幹線。

旅客月台

貨物月台

STATION BUILDING

「理想」的工匠村

工業革命的推展使勞工被迫處於惡劣工作環境，1799年新拉奈克村（蘇格蘭）的紡織工廠經營者歐文著手改善勞動條件，並為勞工的孩子設置幼稚園等，對後來訂下勞動基準的工廠法造成影響。

19世紀的新拉奈克有2500位居民，雖然工廠於1968年關閉，但是當時的公寓現在仍在使用中。

小知識

1807年，美國的羅伯特‧富爾頓建造了全長40.5公尺的蒸汽船，航行於紐約與奧爾巴尼之間，是世界第一艘載運乘客的蒸汽船，全程240公里約航行62小時。

美國獨立宣言的宣讀場地
老州議會大廈

● 從因戰爭而阮囊羞澀的英國統治下獨立

自英國首次在美洲建設殖民地的一六○七年起，共在北美洲成立了十三處英屬殖民地，每一個殖民地都擁有自治權，由殖民地議會討論並決議當地事務，制度相當完善。但是英國的國庫隨著與法國的長期戰爭而空虛，為此便向十三處殖民地課以重稅，引發殖民地的反彈。一七七五年，終於在萊辛頓爆發武力衝突（美國獨立戰爭）。

由喬治・華盛頓擔任總司令的殖民地軍以武力抵抗英軍，並於一七七六年七月四日在波士頓最古老的公共建築物——老州議會大廈陽台發表美國獨立宣言。隔年則制定了邦聯條例，成立由十三州組成的聯邦國家——美利堅合眾國。

一七八三年，英國在巴黎條約中承認美國獨立，割讓了密西西比河以東的路易斯安那。一七八九年，華盛頓成為美國第一任總統。

美國獨立宣言的舞台

1713年建設的老州議會到1776年為止都是英國殖民地政府運作的場所。美國獨立後曾作為麻薩諸塞州議事堂、波士頓市政廳等使用，現在則為博物館。

英國王室的象徵

聳立而裝飾的獅子與獨角獸雕像是英國王室的象徵，因此1776年發表獨立宣言後慘遭拆除燒毀，現在的雕像是仿製品。

曾為演說台的陽台

這座陽台是1776年宣讀獨立宣言的地方，1976年英國伊莉莎白女王也曾在此發表演說。

波士頓屠殺事件

1770年，英國衛兵在殖民地政府前與當地居民發生衝突，士兵射殺了5個人，掀動了反英情緒。陽台下設有標示現場的圓形紀念碑。

小知識　1776年，英國思想家湯瑪斯・潘恩著作的《常識》一書在費城出版，在批判君主政權的弊害之餘也主張獨立的正當性，立刻就成為暢銷書，並喚醒了人們的獨立意識。

新首都華盛頓哥倫比亞特區的建設

1790年，第一任總統華盛頓相中馬里蘭州與維吉尼亞州邊境的一塊邊長10英里（16公里）的土地，決定在此設立首都，並委由法國建築師皮耶爾朗方負責都市計畫與建設。並於1800年，第二任總統約翰‧亞當斯的時代正式成為首都。

美國國會大廈

1793年由華盛頓親自奠基，到了1800年雖然還沒完工卻已約開始使用。現存的建築物是1866年完工，以象徵意義的圓的頂部，設有青銅製的「自由雕像」，高約87.8公尺。

井然有序的都市計畫

中心是立法機關的中樞──美國國會大廈，周邊由道路呈放射狀的棋盤式配置，國家機構都設置在主要路口。

建築小故事

法國贈送的自由女神像

1886年，為了記念美國獨立100週年，法國送上了自由女神像。骨幹設計師為建造巴黎艾菲爾鐵塔的古斯塔夫‧艾菲爾，雕像的建造資金由法國國民負擔，底座的建設資金則由美國國民負擔。2021年，法國又送上了暱稱為「小妹」的自由女神像，再度展示了兩國的友誼。

底座刻有艾瑪‧拉薩路的詩句──將你那疲勞的人民、貧窮的人民、追求真正自由的人民，都送到我身邊來吧。

模特兒是雕刻師巴托爾迪的母親。

約93m

小知識　相較於清教徒與自營農民居多的北部，南部主要是種植菸草或棉花的大規模農園，勞動力均為黑人奴隸，因此美國獨立宣言沒有提到奴隸制度的廢止。

國王一家遭軟禁宮殿
國民革命頒布人權宣言

● 平民的憤怒爆發

美國成功獨立的同時，法國正陷於國家財政危機。路易十六時代的一七八八年負債達四十五億里弗赫。每年的償還金額達國庫歲入的一半，因此便企圖向原本免稅的聖職者與貴族課稅，造成這些階層的反彈。一七八九年針對這些問題在凡爾賽召開全國三級會議，但是特權身分階層與平民階層卻就決議方法嚴重對立。平民召開制憲會議，宣誓在憲法制定之前絕不解散（網球廳宣誓）。但是路易十六卻試圖以武力鎮壓，憤怒的人們便於七月十四日攻擊了巴士底監獄，正式爆發法國大革命。國民議會要求廢除封建特權並發表法國人權宣言，但是路易十六不予認可，因此平民便闖入凡爾賽宮綁縛國王一家，迫使路易十六承認這兩項宣言。就這樣法國廢除了中世紀以來的身分制度，並明訂人類不可被侵犯的基本權利與所有權等。

《 在杜樂麗宮的受難 》

1789年10月5日，從巴黎出發的平民示威遊行朝著凡爾賽宮行進，6日將路易十六一家軟禁在杜樂麗宮。1792年8月10日也爆發了巴黎市民與義勇軍襲擊杜樂麗宮的事件。

杜樂麗宮

1563年，亨利二世的王后凱薩琳‧德‧麥地奇建設於羅浮宮西邊，到了路易十四的時代，又委請打造凡爾賽宮庭園的安德烈‧勒諾特爾建造法式庭園。19世紀，拿破崙三世將其與羅浮宮合併在一起。

傳承至今的庭園

1871年，宮殿在普法戰爭後成立的巴黎公社（革命政權）士兵襲擊下燒毀，並在1883年拆除。僅剩下前庭入口於1806年由拿破崙一世建設的卡魯索凱旋門。

> 建築小故事
>
> ### 巴士底監獄是什麼樣的地方？
>
> 原本是保護巴黎的要塞，17世紀起用來關押政治犯，並存放了武器與彈藥等，因此搶到這些武器的人們使用來襲擊監獄。

小知識　法國將巴黎民眾襲擊巴士底監獄的7月14日列為革命紀念日（建國紀念日），這天早上會為了慶祝而在香榭麗舍大道舉行軍事遊行，夜晚則會從艾菲爾鐵塔施放煙火，整天都熱鬧滾滾。

〔路易十六一家遭處刑〕

1791年6月，國王一家計畫逃亡到瑪麗安東尼的娘家奧地利卻失敗，1792年8月13日被關進聖殿塔，隔年1月19日就以投票判處死刑。

原本中央擺有路易十五騎馬像並稱為「路易十五廣場」，但是法國大革命時移除雕像並改名為「革命廣場」。1795年起改稱的「協和廣場」，到了1830年變成公認的名稱。

23m

國王一家的行刑

1793年1月21日，路易十六被送上革命廣場（現在的協和廣場）的斷頭台，據說當時有兩萬民眾圍觀。王后瑪麗安東尼則於10月16日行刑。

取代斷頭台的「克麗歐佩特拉方尖碑」

19世紀時，埃及總督穆罕默德・阿里帕夏將路克索神廟的方尖碑贈送給路易・菲利浦，後來便代替斷頭台設置在廣場中央。

巴黎古監獄

原本是建築於14世紀的王宮，但是14世紀末已經轉變成監獄，法國大革命後則變成監獄兼法院。名稱La Conciergerie源自於王宮的守門護衛（Concierge），意即「需要守門護衛的場所」。

1793年8月2日，瑪麗安東尼被送進巴黎古監獄，現在的內部便還原了當時她所待的單人房。

建築小故事

密西西比泡沫事件

路易十四死後的1715年，法國負債已經超過30億里弗赫，而且還數度發布破產宣言，甚至因為倒債的關係使國債也無人願意接手。因此便採用財政專家約翰・羅的建議，以開發新大陸為目的設立密西西比公司，發布發現金礦的消息後販售股票，並以獲得的現

金換取國債，吸引了歐洲各地的投資客。1719年初期才1000里弗赫的股價後來超過了1萬里弗赫，幫助王室跨越債務危機。但是公司的營運實況曝光後，股價就暴跌導致密西西比公司破產，泡沫宣告破滅。

小知識　法國人權宣言說更精準一點，是指「待在法國的人們與市民的權利相關宣言」，所有權的不可侵犯講明白就是指財產權，也就是透過商業或生產活動取得財產必須獲得保障，而這是所有工商業者的基本權利，也是近代資本主義社會的原理。

拿破崙一世加冕之所
巴黎聖母院

● 在巴黎中心成為皇帝

法國的絕對王權在法國大革命後宣告落幕，在提倡穩健共和的吉倫特派帶領下，轉型成共和政體。但是一七九三年一月路易十六被處死後，歐洲各國擔心遭波及而組成反法同盟，對法國造成強大的壓力。

在如此處境下，法國國內由雅各賓派的羅伯斯比爾掌握實權，吉倫特派則遭逐出國民公會，但是後來又因為實施恐怖政治，處死反革命者等而遭到推翻，這使穩健共和派再度崛起並推動督政府，然而社會仍瀰漫著不安，因此拿破崙一世發動政變解散督政府，並建立起執政府，又在一八〇四年經國民投票成為皇帝，並在巴黎聖母院舉行加冕儀式。拿破崙一世展開積極的軍事遠征，將大部分歐洲都納入旗下，卻在一八一二年的俄羅斯遠征中嘗到失敗，隔年又敗給俄羅斯、普魯士與奧地利的聯軍而威信掃地，最後遭流放至厄爾巴島。

在巴黎聖母院登基的 拿破崙一世

歷任法國國王的加冕儀式都在漢斯的聖母院舉行，但是拿破崙受到羅馬教宗庇護七世的邀請，於1804年12月2日在巴黎聖母院登基。

因法國大革命而荒廢

1163年動工的聖母院完工於1345年，是西方最大的哥德式教堂。雖在法國大革命後荒廢，但是19世紀後半展開了大規模修復工程，並增建了尖塔等。

2019年燒毀

2019年4月15日的火災燒成尖塔倒塌，現在正以2024年對外開放為目標持續重建中（照片為燒毀前）。

歷史祕話

路易斯安那的脫手

1799年組成了以英國為中心的反法同盟，使拿破崙為籌措經費與其抗衡而苦惱不已。隨著戰線擴大，拿破崙一世只好於1800年以1500萬美金的價格，將從西班牙手中取得的路易斯安那賣給美國。

1831年維克多・雨果發表的小說《鐘樓怪人》，促使巴黎市民決定修復聖母院。

﹛慶祝戰勝的巴黎凱旋門﹜

1805年在奧斯特里茲戰役中，擊敗奧地利與俄羅斯聯軍的拿破崙一世，隔年決定建設凱旋門以慶祝戰勝，雖然在拿破崙一世失勢後工程中止，但是1823年在路易十八的命令下復工，並在路易·菲利浦時代的1836年完工。

範本是古羅馬的凱旋門

高50公尺的凱旋門是以古羅馬皇帝提圖斯的凱旋門為範本。原本打算建設在巴士底監獄遺址，後來認為現今所在的戴高樂廣場（原名為星形廣場）更為適合。

1799年戰勝鄂圖曼帝國的阿布基爾戰役浮雕。

慶祝1800年與澳洲締結的和約。

大軍潮大街側則有象徵「平和」與「抵抗」的浮雕。

刻有拿破崙打勝戰役名稱的30個盾牌。

原本頂部計畫設置有4匹馬的馬車與皇帝等雕像。

東面有赴戰場的法軍浮雕，西面則是他們凱旋歸來。

描繪1795年戰死的馬索將軍葬禮。

奧斯特里茲戰役的浮雕。

表現出1792年起義志願軍（馬賽曲），擁有翅膀的女性象徵「祖國的勝利」，據說呂特特別是雕刻家呂德之妻蘇芬。

凱旋門中央埋葬著第一次世界大戰中戰死的法軍。

據說光是建構基礎就費時兩年。

建築小故事

海地獨立的象徵——堡壘

法國大革命的浪潮也波及了加勒比海的法屬聖多明戈。自1697年占領以來，法國就帶走了幾十萬名非籍奴隸，藉由種植甘蔗等獲得莫大利益。1791年，無法再忍受法國暴政的人們終於起義，並於1804年1月1日宣布獨立，誕生了世界第一個黑人共和國——海地。海地的原文「Ayiti」意思是「充滿山林的土地」，而成為獨立象徵的無憂宮與堡壘，是海地唯一的世界遺產。

堡壘

為了防禦法國報復而建設，內部有可以容納1萬人的兵參，以及能夠死守兩個月的倉庫。

無憂宮

1811年成為國王的亨利·克里斯托夫，仿效凡爾賽宮建造無憂宮，但是於1842年的地震中震垮。

小知識

拿破崙為了表現出自己是在國民支持下稱帝，加冕儀式上親手為自己戴上皇冠。1815年2月，拿破崙脫離厄爾巴島回歸帝位，但是卻在滑鐵盧戰役中敗給英國與普魯士的軍隊，遭流放到聖赫勒拿島，並在此走向人生終點。

第４章

近代

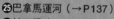

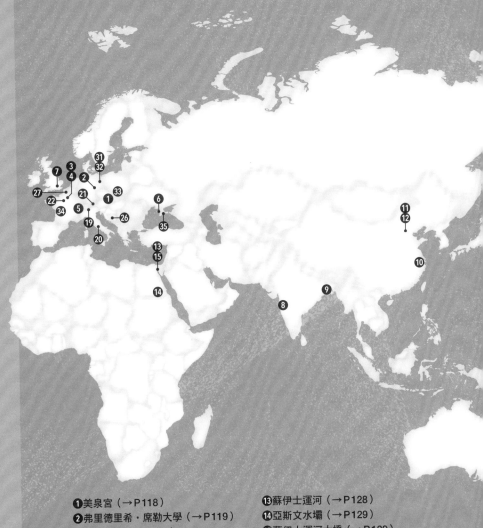

德國耶拿大學發起維也納體系反對運動

● **主張德意志統一與憲法制定**

一八一四年，歐洲諸國針對拿破崙征服地的重新分配展開了維也納會議，大幅更動了整個歐洲的政治地圖，例如：南北尼德蘭組成尼德蘭（荷蘭）聯合王國、普魯士與奧地利等三十五個王國加四個自由城市共組德意志聯邦（盟主為奧地利）等。

但是民族主義與自由主義自法國大革命興起，就在各國盛行並爆發了統一運動或獨立運動。德國就以反對維也納體系的耶拿大學學生為主，興起了青年會社（德國學生同盟）運動。

他們聚集在曾進行宗教改革（→84頁）的聖地瓦特堡，將馬丁·路德視為改革的象徵，在這裡舉辦宗教改革三百週年的慶典之餘，也提倡德意志統一與憲法的制定。儘管這場運動於一八一九年遭到鎮壓，卻奠定了往後統一運動的基礎。

維也納會議的舞台——美泉宮

1814年9月，歐洲各國代表聚集在美泉宮，展開了維也納會議，並打造維也納體系──將主權與國境回歸至法國大革命前的「正統主義」，並以各國「勢力均衡」為原則。

美泉宮

十八世紀末，神聖羅馬皇帝約瑟夫一世建造了美泉宮，當作離宮使用。並於其後瑪麗亞·特蕾莎的時代完工。由於外觀採一律用黃色，因此又稱為「瑪麗亞·特蕾莎黃」。

大藝廊

主持會議的奧地利外交大臣梅特涅，夜夜都舉辦舞會招待各國代表。結果會議因成效不出結論，「引人興趣」，會議沒有實質與進展。

約180公尺

⟨ 在耶拿大學組成的學生團體 ⟩

位在德意志都市——耶拿的耶拿大學，前身是薩克森選帝侯約翰・腓特烈一世設立於1548年的學院。創立於1558年，第二次世界大戰後，依曾執教鞭的劇作家席勒之名，改稱為弗里德里希・席勒大學。

聚集了足以代表德意志　　　學生團體的成立
的思想家

歷史祕話

成為永久中立國的瑞士

維也納會議後各國的領土都產生變化，奧地利獲得了北義大利的倫巴底與威尼斯等，南尼德蘭（比利時）則讓給荷蘭。普魯士獲得薩克森地區北部與萊茵蘭。俄羅斯獲得波蘭後，由俄羅斯皇帝兼任波蘭國王。瑞典獲得了芬蘭，英國則從荷蘭手中取得斯里蘭卡島與開普殖民地，並從法國手中取得馬爾他島。法國恢復了路易十八率領的波旁王朝（法國的波旁家族），西班牙則由費南多七世的波旁王朝（西班牙的波旁家族）統治。瑞士以永久中立國的身分，受到國際承認。

瑞士的日內瓦設有聯合國歐洲總部等國際機構。

西班牙透過維也納會議實現波旁王朝復辟後，革命軍成立了革命政府（西班牙立憲革命），希望恢復屬於自由主義的西班牙憲法（1812年成立），卻遭法國的波旁王朝鎮壓。加的斯市內的西班牙廣場，設有憲法發布後100年所設立的紀念碑。

小知識

拿破崙三世將首都巴黎打造成「花都」

● 在國民投票下成為皇帝

維也納會議之後，法國由路易十八率領的波旁王朝復辟，繼承帝位的查理十世獨裁專政，引發國民武裝起義並占領羅浮宮，國王逃亡至英國（七月革命）。

後來迎來的新王是奧爾良家族的路易・菲利浦，自此展開君主立憲制（七月王朝）。但是獲得銀行家等贊助的路易・菲利浦，將參政權限制在部分統治階層手中，因此一八四八年二月，中小資本家與勞工階級要求採取普通選舉制並起義，後來廢除了路易・菲利浦並建立起共和政權（二月革命、第二共和國）。然而，在十二月的總統選舉中當選的路易・拿破崙，於一八五一年十二月發動政變解散會議，並在隔年的國民投票中以皇帝拿破崙三世的身分登基（第二帝政）。一八五三年，拿破崙三世著手改造巴黎，以巴黎凱旋門為中心規劃放射狀的道路，形成現在所見的街區風貌。此外也整頓上下水道，改善都市衛生。

⟨現代巴黎的誕生⟩

1853年，拿破崙三世將喬治・奧斯曼任命為塞納省省長，要求他展開首都巴黎的大改造計畫。他移除了成為疾病溫床的貧民窟，將狹窄且視野不佳的街道，改造成寬敞筆直的道路並種植了路樹。

位處中心的凱旋門

有12條大道以放射狀的排列，從巴黎凱旋門（→P115）往外延伸，並設置了1萬座以上的煤氣街燈。

上下水道的整頓

巴黎一直到19世紀初期都未認真整治下水道，排泄物等直接棄置路邊，整座城市充滿了惡臭，霍亂與肺結核等傳染病四處蔓延。

奧斯曼設置了水源來自瓦納溪谷的供水設備，並整頓道路下方的下水道，將汙水排至塞納河的下游。

參加1867年第2屆巴黎世界博覽會的各國元首，都對巴黎街景讚不絕口。普魯士國王甚至索取了巴黎市街的地圖，希望能夠用在柏林的都市改造上。

大規模的街區重整

1852年起的69年間拆除了兩萬戶老舊建築物，並建造了4萬3千戶，這使奧斯曼獲得了「破壞者」的稱號。

╬ 煥然一新的歌劇院 ╬

1861年，奧斯曼為打造新歌劇院而舉辦設計競賽，並採用當時在巴黎只是無名小卒的加尼葉設計案。1875年，新巴洛克式的壯麗歌劇院宣告完成。

加尼葉歌劇院

歌劇院的歷史可追溯至1671年開設的皇家音樂舞蹈學院，為了與1989年完工的新歌劇院（巴士底歌劇院）有所區分，加尼葉打造的歌劇院又稱為「加尼葉歌劇院（加尼葉宮、巴黎歌劇院）」。

手執豎琴的阿波羅像

人字屋頂的頂端設有音樂之神阿波羅雕像，左右則為藝術女神謬思像。

皇帝專用的出入口

為確保拿破崙三世的安全，歌劇院後方設有斜坡，供皇帝直接搭馬車進入。

 建築小故事

巴黎世界博覽會中具紀念意義的艾菲爾鐵塔

1887～1889年間舉辦的第4屆巴黎世界博覽會，具有紀念法國大革命100週年的意義，因此便造出熟鐵外露的艾菲爾鐵塔當作紀念碑，設計師為古斯塔夫・艾菲爾。當時巴黎有部分藝術家對奇特的外觀感到憤怒，連帶要求拆除，但是最後仍於博覽會後繼續保留，現在更成為巴黎的象徵。

多達1萬8千件的建材都是從工廠運至當地，並使用了約250萬支鉚釘。

約300公尺 是當時全球最高的建築物。

動用約300名工匠，僅兩年就宣告完工。

拱門是當時世界博覽會入場用的大門。

小知識 巴黎郊外的楓丹白露宮中設有江戶時代的日本掛軸，據說這是1862年前往歐洲的文久遣歐使節獻給拿破崙三世的贈禮之一。

黑海艦隊的主要基地
克里米亞半島建設的軍港

●地中海的出入口

十八世紀後半，俄羅斯在克里米亞半島建設塞凡堡軍港，設立黑海艦隊。從這裡穿過土耳其的博斯普魯斯海峽與達達尼爾海峽，就可以從愛琴海通往地中海，而此時阻礙俄羅斯通行的，正是盤踞土耳其與巴爾幹半島的鄂圖曼帝國。當鄂圖曼帝國統治的希臘與埃及謀求獨立時，俄羅斯便涉入干預，迫使鄂圖曼帝國同意俄羅斯在海峽的自由通行權和軍艦的獨占通行權。但是英國以印度貿易路線為由介入，於一八四〇年的倫敦會議禁止俄羅斯軍艦通行這兩座海峽。

需要不凍港的俄羅斯因此再度向鄂圖曼帝國強力施壓，一八五三年還以保護土耳其領地內的希臘正教徒為由，發動了克里米亞戰爭。但是英國、法國、奧地利與薩丁尼亞出手協助鄂圖曼帝國，擊敗俄羅斯，並於一八五六年的巴黎條約中將黑海劃為中立地區，使俄羅斯的南下政策以失敗告終。

〔 國際紅十字會的設立 〕

瑞士的亨利·杜南受到克里米亞戰爭時在野戰醫院照護傷兵等的護理師南丁格爾感召，提倡設立以中立的立場救助傷兵的國際組織，並於一八六四年正式成立國際紅十字會。

總部在日內瓦
國際紅十字會的總部設在永久中立國——瑞士的日內瓦，委員全部都是瑞士人。

紅十字國際委員會總部舊館
1回1年，國際紅十字會收購了主田谷飯店的克麗物流，將總部設在此處，並圖設國際紅十字與新月博物館。

創立者亨利·杜南
創立亨利·杜南把成立國際紅十字會平投入所有身家，後來在1901年獲得第一屆諾貝爾和平獎時，也將錢捐給紅十字會。

紅十字標誌
紅十字標誌的形狀同瑞士國旗相反，由於十字容易聯想到基督宗教，所以在伊斯蘭國家會使用紅新月。

俄羅斯的重要據點 — 塞凡堡軍用港口

位在克里米亞半島南端的塞凡堡（希臘語意思為「光榮城市」）軍用港口，在葉卡捷琳娜二世統治的1783年建造，位在峽灣上，是俄羅斯確保黑海路徑的必要據點，也是數場紛爭的舞台。

塞凡堡攻城戰　　　參加攻城戰的　　　塞凡堡的象徵
　　　　　　　　　托爾斯泰

19世紀初期，擁有造船廠、工廠、鍛造廠、約1000間住宅與200間店鋪的塞凡堡裡，住了將近3萬人。

歷史祕話　克里米亞共和國獨立與俄羅斯之間的關係

1991年蘇聯瓦解後，克里米亞半島南岸成為烏克蘭領地。1997年，俄羅斯以租借20年的形式從烏克蘭手中取得塞凡堡軍用港口，2014年烏克蘭的親俄派與親歐派發生內亂，俄羅斯便派兵介入，將實際上已經從烏克蘭獨立的克里米亞共和國納入版圖。儘管未受國際承認，仍於2018年建造了連接俄羅斯本土與克里米亞半島的克里米亞橋，打造出連接聖彼得堡與塞凡堡的鐵路，全長2500公里。

克里米亞橋全長約為19公里。

小知識　巴黎條約使摩爾多瓦與瓦拉幾亞從鄂圖曼帝國手中獲得自治權，兩國於1861年合併為羅馬尼亞聯合公國，1878年起獨立受到承認，並於1881年成為王國。

帝國化身世界銀行
倫敦成為國際金融中心

● 成為世界銀行，收支轉為黑字

十九世紀中期，歐美列強各自擴張軍備，迎來爭相擴大勢力範圍的帝國主義時代。其中最早在世界攻占一席之地的英國，在維多利亞女王的時代迎來被頌讚為大英帝國的全盛期。

自工業革命起，英國就以「世界工廠」的地位輸出工業製品，但是貿易收支卻經常呈現赤字。但是透過海運業、保險服務以及對海外企業的投資，轉型成為將積蓄財富借貸給海外各國的「世界銀行」，貿易收支終於達成黑字。

支撐龐大經濟的則是與金幣密不可分的英鎊紙幣，一八一六年制定貨幣法的英國，鑄造了約八公克的索維林金幣，可用來交換一英鎊紙幣。「大英帝國」的名聲獲得信賴，此後英鎊紙幣便隨著貿易在全球流通，並於世紀末成為國際貨幣，倫敦金融城也躍升國際金融中心，繁盛至極。

誕生於咖啡館的倫敦證券交易所

1760年，擠不進皇家交易所的證券經紀人，在喬納森咖啡館經營起會員制俱樂部，展開證券交易的服務，並於1773年改名為證券交易所，而這就是倫敦證券交易所的起源。

倫敦證券交易所

三菱地所透過海外現地法人帕達諾斯達廣場協會，在聖保羅座堂北側的帕達諾斯達廣場建造愛德華國王大樓（地下2層樓，地上8層樓建築），並於2004年搬至該處。

從倫敦轉移至阿姆斯特丹

倫敦證券交易所一直到2020年都還是歐洲最大的股票交易據點，但是脫歐之後的2021年1月由阿姆斯特丹證券交易所奪下寶座。

舊皇家交易所

英國的證券交易原本都在1568年設立的倫敦皇家交易所進行，現存的建築物是1840年代建造，一天只營業兩個時段，分別是上午11點至中午，以及傍晚5點至6點。牆壁與柱子上會標出股價、商品價格與破產業者等，後於2001年改裝成購物中心。

小知識　聖保羅座堂創建於604年，現存的建築物是1666年倫敦大火後重建的第4個版本。規模僅次於梵蒂岡的聖伯多祿大殿（→P44）。

⟨印度建築物保有的維多利亞女王名號⟩

1857年，印度的東印度公司爆發西帕希兵團（sepoy）叛變的危機，參與者包括市民與農民，人們擁戴蒙兀兒皇帝，且內亂擴大至北印度全區。1859年，鎮壓動亂的英國摧毀蒙兀兒帝國、解散東印度公司並成立印度帝國，由維多莉亞女王兼任第一任元首。

賈特拉帕蒂・希瓦吉・摩訶羅闍終點站

這座位在印度西部都市孟買的車站，完工於1888年，原站名為維多利亞火車站，1996年改以創立馬拉塔帝國的國王為名。

2008年，伊斯蘭過激派組織同時在孟買引發多場恐怖攻擊，賈特拉帕蒂・希瓦吉・摩訶羅闍終點站也是攻擊目標之一。

維多利亞紀念堂

1905年，印度總督寇揚為讚頌維多利亞女王的榮光，在加爾各答建設了紀念堂並於1921年完成。

曾為英國殖民地的新加坡，也建造了維多利亞紀念堂（現在的維多利亞劇院及音樂會堂）以哀悼女王逝世。

與範本泰姬瑪哈陵（→P97）一樣，都是用白色大理石建造，內部為博物館，展覽了維多利亞時代的美術品。

建築 小故事

曾為德軍攻擊基準點的 皇家亞伯特音樂廳

維多利亞女王的王夫亞伯特欲在倫敦建設公共文化設施，卻未能等到實現就於1861年逝世。女王繼承其遺志，於1871年建設了音樂廳，並以亞伯特為名。這棟建築物在第二次世界大戰中，是德國空軍轟炸倫敦時的基準點，因此得以從戰火中保有原始樣貌。

圓頂高約40公尺，內部可容納8000人。

小知識 1851年，倫敦舉辦了第一屆世界博覽會，當時當作會場使用的水晶宮（The Crystal Palace）是將工廠打造的玻璃與鋼鐵運到現場後組裝，是全球首座預鑄建築，也是當時規模最大的玻璃建築物。世界博覽會落幕後，水晶宮被移到塞登哈姆，卻於1936年燒毀。

主宰第一次鴉片戰爭 英國成立的怡和洋行

● 棉製品、鴉片與茶的三角貿易

十九世紀飲茶習慣在英國普及，大幅增加從大清帝國引進的茶葉量，使白銀大量流出中國。英國為了回收白銀，將印度與孟加拉產的鴉片走私到廣州，再將販售鴉片的利潤用在採購茶葉。主導這場鴉片貿易的正是一八三二年設立於澳門的怡和洋行。英國就這樣展開三角貿易，將棉製品出口至印度，再從印度進口鴉片走私到中國，最後從中國進口茶葉。

隨著鴉片走私猖獗，大清帝國的白銀大量流出，使銀價高漲逾兩倍，民眾開始繳不出稅，朝廷財政也跟著匱乏。一八三九年，朝廷命令欽差大臣林則徐取締鴉片卻遭致英國反彈，並於一八四〇年爆發鴉片戰爭。英國在這場戰役中獲勝，不僅取得香港，並迫使上海、寧波、福州、廈門與廣州開港，承認商人之間可自由貿易。後來又於一八五六年與法國聯合發動第二次鴉片戰爭，促成天津等十一個港口開放。

在中國展開事業的 怡和洋行

鴉片戰爭後，怡和洋行將總店轉移到英國從大清帝國手中取得的香港，1845年又在英國開拓的上海租界（外國人商業區）建設公司大樓。

上海的公司大樓
怡和洋行建造在上海的建築物，於1920年暗購改建，至今仍保留在原地。

鐵路與貿易事業
1898年，怡和洋行與香港上海銀行（1865年設立）共同創設中英公司，融資給朝廷建造鐵路儲運權等，進一步拓展貿易以外的事業。

進軍日本
1859年，日本與美國、英國等5個國家締結通商條約，隔年怡和洋行就進軍橫濱，並在當地設立商館了（英一番館），又在山下町橫濱中心的入口設立石碑。

小知識 1859年，蘇格蘭籍商人湯瑪士・哥拉巴以怡和洋行代理人的身分前往長崎，並於1861年脫離怡和洋行，創設哥拉巴商會，將武器與船艦等賣給薩摩藩等，後於1863年建設在長崎的住宅，是日本最古老的木造西式建築。

{第二次鴉片戰爭慘遭破壞的大清離宮}

1856年爆發的第二次鴉片戰爭，以1858年的天津條約告終。但是朝廷拒絕批准條約，使英法於1860年再度攻向北京，破壞了大清帝國的離宮──圓明園與清漪園。

圓明園

愛新覺羅皇帝在位的18世紀開始建造，後於雍正皇帝、乾隆皇帝的時代加以擴建與改建，最後形成350公頃的離宮，包含長春園與綺春園等，並且由耶穌會傳教士郎世寧等人，為中國建設了仿凡爾賽宮的中國第一座巴洛克宮殿。

淪為廢墟的離宮

1860年，圓明園在英法攻擊下淪為廢墟，殘存的遺構為後世訴說著歷史。

設有西式噴水池的庭園，受讚為世界第一美。

頤和園

18世紀金朝建設的行宮前身，直到18世紀後半乾隆皇帝在位時期，才成為現在的模樣，名為「清漪園」。頤和園湖面積約3公頃，亦於第二次鴉片戰爭中焚燬。

1861年，在光緒皇帝身後以攝政之名掌管實質大權的慈禧太后，重建清漪園後改名為頤和園，並且從1889年起在此生活至駕崩為止。雖然於1900年的義和團事件中再度慘遭破壞，但於1903年修建，並於1924年起對外公開。

宮殿由3000棟以上的建築物組成。

慈禧太后的目標？

1894年，慈禧太后將借自英國的北洋艦隊軍艦建造費，挪用在大改建工程上。據說原是為了讓兼掌握北洋海軍的北洋大臣──李鴻章遠離勢力，同時也為了防止大量白銀流至海外。

小知識　英國取得香港後，又於1860年獲得九龍半島一部分，並在1898年租借新界，至1997年才歸還給中國。／鴉片戰爭後，外國製品大量流入，導致大清帝國失業者與流民暴增，接連的天災也導致農村荒廢，人民創立受基督教影響的拜上帝會，以宗教名義起義（太平天國之亂）。

為什麼英國買得到蘇伊士運河的股票呢？

● 後來成為世界第一條國際運河

一八六九年，連接地中海與紅海、全長約一百六十三公里的蘇伊士運河完工。原本從地中海至印度的航線必須經過好望角，蘇伊士運河開通後就縮短了約八千公里。

當時的印度對英國來說是最重要的殖民地，蘇伊士運河有助於強化與印度關係的要衝，因此無論如何都想收入囊中。英國為此於一八七五年，向埃及收購了五成以上的蘇伊士運河股份有限公司股票。

據說英國是透過猶太裔金融資本家羅斯柴爾德，得知埃及要出售蘇伊士運河股票的消息。此外收購金額全部都是向羅斯柴爾德融資的。就這樣英國成功開拓了從地中海前往印度的最短路徑。一八八八年，在君士坦丁堡展開的國際會議決定開放蘇伊士運河，讓每個國家的船舶都能夠自由通行，全球首座國際運河自此誕生。

〔 在英國妨礙下仍完工的運河 〕

1854年，法國前外交官雷賽布從埃及總督塞伊德帕夏手中取得蘇伊士運河的建設許可，並於1858年設立蘇伊士運河股份有限公司，從1859年起花10年完成這條運河。

拿破崙的構想

18世紀，拿破崙一世有意建設蘇伊士運河，便於1798年派人視察，正是這個構想驅使雷賽布投入運河建設。

英國的妨礙

英國在1850年代鋪設亞歷山大港至蘇伊士之間的鐵路，透過船隻與鐵路連結成地中海與紅海之間的物流路徑，因此擔心運河開設後會失去既得利益，便向埃及的宗主國——鄂圖曼帝國施壓，試圖推毀這項計畫。

態度不變的英國

蘇伊士運河建設的最大贊助者是法國，在運河完成後認為海洋霸權會遭法國威脅的英國，便開始致力於爭奪運河的主導權。

當時每艘船通行費約700萬台幣。

運河全長約193公里。2015年又新建運河，使其中35公里得以雙線通行。

｛ 蘇伊士運河國有化與第二次以阿戰爭 ｝

1956年7月，埃及總統納瑟宣布蘇伊士運河國有化，英法兩國為守護運河權益便夥同以色列攻打埃及（第二次以阿戰爭、蘇伊士運河危機），後來在美國與蘇聯介入下停戰，國際也認同蘇伊士運河歸埃及所有。

埃及的獨立

蘇伊士運河完成後，埃及成為英國實際上的受保護國，但是於1922年成功獨立（埃及王國）。1952年由納瑟等人率領的自由軍官團掀起埃及革命，並於隔年成立埃及共和國。

第二次以阿戰爭的導火線──亞斯文水壩

1954年，納瑟總統為追求耕地灌溉並藉由水力發電推動工業化，決定在亞斯文水壩（亞斯文低壩）的上游7公里處建設新的水壩（亞斯文高壩）。原本預計接受世界銀行、美國與英國的援助，但是納瑟偏向社會主義的政策使金援計畫喊停，因此便決定將蘇伊士運河國有化，收益則用來建設水壩。

亞斯文水壩建設使努比亞遺址面臨遭淹沒的危機，間接促使「世界遺產」的誕生。

堤長為3600公尺、堤高111公尺，總蓄水量1620億平方公尺是日本所有水壩相加後的8倍多。

｛ 連接埃及本土與西奈半島的運河大橋 ｝

造型源自於古埃及的記念碑兼時鐘──方尖碑。

全長約730公尺。

1994年，為解決人口集中於尼羅河沿岸的問題，而著手開發西奈半島，並於2001年設置蘇伊士運河大橋。由於這是日本提供的無償開發援助（ODA），因此又稱為「埃及日本友好橋」，工程也由日本建設公司負責。

建設時日本政府提供了117億5200萬日圓。

小知識　1869年，為慶祝蘇伊士運河的完工便在開羅建設了歌劇院，並委託義大利的威爾第創作歌劇《阿依達》。雖然歌劇院在1971年燒毀，但是1988年在日本的ODA（64億8500萬日圓）援助下建設了新的歌劇院（教育文化中心）。

響徹蓋茨堡國家公墓 林肯總統的著名演說

●埋葬了超過六千名死者

美國從英國獨立後，向法國收購密西西比州以西的路易斯安那、向西班牙收購佛羅里達等，一步一腳印地將勢力範圍擴大至西部。十九世紀中期併入德克薩斯與俄勒岡，一八四八年從墨西哥手中獲得加利福尼亞州。但是反對奴隸制的北部，卻與需要黑人奴隸勞動的南部產生對立。

一八六○年北部出身的林肯當選總統後，南部十一州脫離美利堅合眾國並成立美利堅邦聯。雙方發生最激烈的戰鬥是一八六三年七月的蓋茨堡戰役，北軍傷亡人數多達兩萬三千人。戰後為憑弔這些犧牲者便設立國家公墓，出席揭幕儀式的林肯發表了「民有、民治、民享的政府」這番演說。另一方面，也發表要將土地無償提供給西部拓荒者的《公地放領法》與奴隸解放宣言，拉攏輿論以在戰爭中取得優勢，一八六五年終於再度統一美利堅合眾國。

⟨ 南北戰爭的起源地──薩姆特要塞 ⟩

1861年4月12日，南軍砲擊北軍駐紮的薩姆特要塞，為四年內造成62萬犧牲者的南北戰爭揭開序幕。

奴隸貿易的據點

薩姆特要塞位在南卡羅萊納州中名為查爾斯頓的城市，是英國人於1670年建設，擁有南部最大的貿易港口，因奴隸進口與棉花運輸等而繁榮。

薩姆特要塞

19世紀，查爾斯頓為了防禦在海岸1公里處建設人造島，並在上方建設由磚塊與岩石打造的三層樓要塞。名稱源自於在美國獨立戰爭中相當活躍的軍人薩姆特。

南卡羅萊納州的脫離

1860年12月，對林肯當選總統感到不滿的南部南卡薩萊納州脫離美利堅合眾國，後來密西西比、佛羅里達、阿拉巴馬州、喬治亞州、路易斯安那州與德克薩斯州也追隨其後，並於1861年2月9日成立美利堅邦聯。

❴ 林肯發表了奴隸解放宣言 ❵

1862年9月17日，北軍在安提頓的夏普斯堡迎擊攻進東部馬里蘭州的南軍，林肯便發表了奴隸解放預備宣言，並於1863年1月1日正式公告。

安提頓戰役
兩軍一天內就出現23000名死傷，光是在後來人稱「血染大道」的山路攻防戰就有5000人以上的傷亡。

戰地記者的登場
南北戰爭中有許多攝影師同行，安提頓戰役是史上第一場拍到戰死士兵照片的戰事。

奴隸解放宣言
奴隸解放宣言僅限於反抗合眾國的地區，與北部合作的奴隸州除外。美國真正實現奴隸解放是1865年。

❴ 在蓋茨堡國家公墓演說的林肯 ❵

1863年7月1日～3日，南北軍在賓夕凡尼亞州的蓋茨堡發生激烈戰鬥，出現45000人以上的傷亡。戰後4個月便在當時的戰場建設了國家公墓。

名留青史的演說
出席國家公墓揭幕儀式的林肯，宣告南北戰爭是為自由與平等而戰，並展開了兩分鐘左右的演說。

小知識　貫穿美國東西的橫貫大陸鐵路於1869年開通後，進一步推動了國內市場的開拓，促進鋼鐵業、煤業與石油業等重工業發展，最後於19世紀末成為世界第一工業國家。

讚頌義大利首位國王
榮耀統一偉業的紀念堂

● 人稱「祖國祭壇」

義大利在維也納會議後重新分割成九個國家，後來國內追求統一的聲音高漲，位居中央的薩丁尼亞王國——維克多‧伊曼紐二世便於一八六〇年主導了中部義大利的合併。青年義大利黨的加里波第攻下了南部的兩個西西里王國後，將西西里與拿坡里獻給伊曼紐二世。就這樣，除了教宗國與威尼斯以外的義大利終於完成統一，由伊曼紐二世任首位國王的義大利王國誕生。一八六六年，奧地利於普奧戰爭敗北，義大利王國從中受惠，取得威尼斯；一六七〇年又因普法戰爭中法國敗戰，進而合併教宗國，正式統一了整個義大利。

一九一一年，為了讚頌第一代義大利國王的功績，羅馬建設了維克多‧伊曼紐二世紀念堂。儘管是第一代國王卻使用「二世」這個名號，代表著義大利王國的成立是薩丁尼亞王國擴張的結果。

〔義大利統一的口號「VIVA VERD!!」〕

以薩丁尼亞王國為中心的義大利統一進展過程中，義大利作曲家威爾第也創作了《納布科》與《假面舞會》等歌劇激發民眾的愛國心。

斯卡拉大劇院

1778年，奉瑪麗亞‧特蕾莎之命建設，因坐落在聖母斯卡拉教堂遺址而得名。

威爾第創作的歌劇《納布科》上演

1842年首演的《納布科》描述的是因巴比倫因虜喪失祖國的猶太人悲情，打動了當時受奧地利統治的北義大利人民，將威爾第視為義大利統一的象徵。

VIVA VERDI！

1859年在羅馬欣賞完歌劇《假面舞會》首演的觀眾大喊：「VIVA VERDI（威爾第萬歲）！」據說蘊含著對威爾第的讚賞，以及「Viva Vittorio Emanuele Re D'italia（義大利國王維克多‧伊曼紐二世萬歲）」的意義。

第二次世界大戰後重建

因戰爭空襲而燒毀，後於1946年重建。

小知識　維也納會議後的義大利由薩丁尼亞王國、倫巴第－威尼托王國、帕爾馬公國、摩德納和雷焦公國、馬薩與卡拉拉公國、盧卡公國、托斯卡納大公國、聖馬利諾共和國、兩西西里王國、教宗國組成。

慶祝義大利統一的紀念堂

1861年統一義大利的薩丁尼亞王國國王維克多・伊曼紐二世，在杜林召開的第一屆國民議會中獲得認可成為第一任義大利王國國王。

維克多・伊曼紐二世紀念堂

1911年建造於威尼斯廣場的統一50週年紀念堂，白色大理石外觀與羅馬風情不太相符，又因造型被稱為「打字機」與「結婚蛋糕」。

面寬約135公尺，高約70公尺，總面積達17000公里。

駕駛四馬雙輪戰車的勝利女神。

維克多・伊曼紐二世像。高約12公尺。

從屋頂露台可以360度環顧羅馬市街。

祖國祭壇

祭祀著在第一次世界大戰殞命的無名士兵。平常有兩名衛兵守護。

歷史祕話　梵蒂岡城國的誕生

教宗領遭義大利王國奪走的羅馬教宗庇護九世，自稱「梵蒂岡的囚徒」後關在宗座宮裡死守（羅馬問題），直到1929年才締結拉特朗條約達成和解。義大利認同教宗廳（梵蒂岡城國）是主權國家，教宗也認可了義大利。

梵蒂岡城國是眾多國際承認的獨立國家中最小的一個國家。

小知識　1870年，維克多・伊曼紐二世羅馬占領了教宗的避暑離宮——奎里納爾宮，此後便將其作為國王居城使用，義大利王國滅亡後的1947年起就成為共和國的總統官邸。

德國皇帝的登基典禮

法國凡爾賽宮鏡廳上演

● 包圍巴黎的普魯士軍隊

由三十五個王國與四個自由城市組成的德意志聯邦發跡於維也納會議，卻以普魯士為主推動政治統一運動。一八四九年建立聯邦制與立憲君主制的德國憲法，也採納了一八四八年的德國國民基本法。

十九世紀後半，普魯士地主階級的容克崛起，掌握官僚與軍隊的權力核心。其中握有強大實權的俾斯麥首相以其軍事背景推動德意志統一，在普奧戰爭中攻破奧地利後，於一八六七年打造了由美茵河以北二十二個國家組成的北德意志邦聯。一八七○年又進攻對南德諸國施壓的法國（普法戰爭），一八七一年一月十八日普魯士軍隊包圍了巴黎，並在凡爾賽宮的鏡廳舉辦普魯士國王威廉一世成為德意志帝國皇帝的登基典禮，德意志帝國正式成立。戰後德國從法國手中取得煤與鐵礦的產地──亞爾薩斯─洛林，但是後續兩國仍為了此地爭鬥不休。

新天鵝堡與俾斯麥的關係

德意志南部的天主教國家──巴伐利亞王國國王路德維希二世，原本對基督新教國家普魯士主導德意志統一避而遠之，直到俾斯麥表示願意出資建設新天鵝堡，才態度大變認同德意志帝國。

還原華格納的世界

路德維希二世對作曲家華格納非常著迷，便在城堡內還原了歌劇描述的凱爾特神話世界。

原因成謎的國王溺水事件

築城耗資618萬馬克，導致財政緊迫，大臣們都要求中止築城，卻不被國王採納。最後國王於1886年6月10日遭軟禁在貝爾格城堡，13日就死在施坦貝爾格湖，但是真正的死因成謎。後來便在水中發現屍體的位置建設了十字架。

高天鵝堡

19世紀曾經改建。據說路德維希二世住在此地的孩提時代，都從此處眺望著新天鵝堡的建設。

小知識　崇拜法國國王路易十四的路德維希二世除了新天鵝堡外，也參考凡爾賽宮的離宮之一特里亞農宮建設了林德霍夫宮（1878年完成），並仿效凡爾賽宮打造海倫基姆湖宮（未完成），在建設上耗費巨資。

╭ 在鏡廳舉辦的皇帝加冕儀式 ╮

普法戰爭末期的1871年1月18日，普魯士國王威廉一世在凡爾賽宮鏡廳登基為德意志帝國皇帝，由於戰爭仍未結束，所以宮殿同時也當成戰地醫院使用，這種玷汙法國象徵的行為，在法德之間埋下了禍根。

鏡廳

深73公尺、寬10.5公尺、天井高13公尺的迴廊。從窗戶照射的陽光與3000根蠟燭的火光會透過鏡面反射，使鏡宮入夜後仍如白日般明亮。路易十四時代每晚都會在這裡舉辦舞會，並藉法國產的鏡面彰顯法國的工業能力與經濟能力。

第一次世界大戰的和平條約

1919年6月28日，在第一次世界大戰中戰敗的德意志帝國在鏡廳簽署了凡爾賽條約，據說法國總理克里孟梭選擇鏡廳當作會場，就是為了報復德意志帝國。

╭─────╮
│ 歷史 │
│ 祕話 │ **奧匈帝國的成立**
╰─────╯

奧地利敗給普魯士後，各民族的獨立運動更加活絡。奧地利皇帝約瑟夫一世於1867年認可了馬扎爾人創建的匈牙利王國，並組成了由奧地利皇帝統治的協約國——奧匈帝國（雙元帝國），卻遲遲無法完全鎮壓民族運動，捷克、斯洛伐克、斯洛維尼亞、克羅埃西亞等地都展開了獨立運動，且愈來愈激烈，最終引爆了第一次世界大戰。

1869年在高輪招待所與日本建交。

小知識　起草凡爾賽條約的會場，現在現在是凡爾賽宮旁飯店「凡爾賽特里亞農宮華爾道夫酒店」的宴會場（克里孟梭廳）。

協助獨立的美國
其實意在巴拿馬運河？

● 從加勒比海前往太平洋的航線誕生

南北戰爭結束後工業蓬勃發展的美國，為了取得海外市場而推動對外政策。一八九八年在美西戰爭中打敗西班牙，獲得菲律賓、關島、波多黎各，並成為加勒比海的古巴納入保護國，同年也併吞了夏威夷。

就這樣美國鞏固了在加勒比海與太平洋的地位，當時從加勒比海前往太平洋只能從美國南端的合恩角出發並行經麥哲倫海峽，對軍事與商業都造成阻礙。

一八五五年雖然開通了橫貫巴拿馬地峽的鐵路，卻無法運輸大量的人員與貨物。

因此美國便借款給拉丁美洲，仗著軍事實力展開威壓性的外交手段。一九〇三年，為了開鑿運河而幫助巴拿馬從哥倫比亞獨立，取得巴拿馬地峽的租借權。後來巴拿馬運河於一九一四年開通，從加勒比海行經夏威夷、菲律賓前往中國的航路也隨之誕生，形成由美國主導的北太平洋勢力圈。

美國資本主義的繁榮

19世紀後半，美國經濟因為石油與鋼鐵等重化工為中心急遽飆升，並以洛克斐勒的標準石油公司、卡內基的卡內基鋼鐵公司為核心，形成壟斷資本。

鋼鐵大王卡內基
13歲時從蘇格蘭搬到美國，後以鋼鐵業大獲成功，旗下所產的鋼鐵量於1900年時更達全球鋼鐵產量的四分之一。

卡內基基金會的設立
1901年，卡內基把公司賣給J.P.摩根公司的美國鋼鐵公司後退休，晚年設立了卡內基基金會並投入慈善活動。

卡內基音樂廳
1891年誕生於紐約，是當時最大的音樂廳。卡內基在1898年時出資改建，因此便冠上卡內基之名。

主廳原本是紐約愛樂交響樂的活動據點，隨著樂團遷移至林肯中心而面臨拆毀的危機。1960年幸得紐約市收購並於1986年改裝。

小知識　美西戰爭時，美國原想從西海岸將俄勒岡號戰艦派往加勒比海，卻沒能趕上開戰，因此促使美國出力建設巴拿馬運河。

﹛夏威夷王國的滅亡﹜

1810年，卡美哈梅哈一世統一夏威夷群島，夏威夷王國正式誕生。1891年，王國第一位女王利留卡拉尼登基，卻於1893年滅亡，1898年遭美國併吞。

伊奧拉尼宮

1882年由第七任卡拉卡瓦國王在檀香山興建，攬入歐洲建築樣式，設置了夏威夷首見的照明設備與沖水馬桶等，伊奧拉尼在夏威夷話中是「天堂之鷹」的意思。

王國滅亡後賣掉了所有設備，建築物本身到1969年都是夏威夷議會大廈，經改建與復原後於1978年起對外公開。

設有售票口與商店的Hale Koa，是在兵營遺址上所建設的建築物。

遭關押的女王

1893年，利留卡拉尼發表了強化王權的新憲法，企圖提升夏威夷人的權利，親美派卻發動政變逼其退位，並以謀反罪名關押在宮中。

利留卡拉尼在夏威夷王國滅亡後，以平民身分生活的態度令人驚訝，因此便敕免了她的罪名。

據信宮殿的位置在古代曾設有黑奧（夏威夷神廟）。

﹛助巴拿馬獨立後打造的運河﹜

1903年1月，羅斯福總統與哥倫比亞政府簽訂條約以建設巴拿馬運河，但是哥倫比亞議會拒絕批准條約，因此美國便派兵支援巴拿馬州的反政府勢力，並與11月成立的巴拿馬共和國簽訂條約，正式開始建設運河。

巴拿馬運河的開通

運河的建設於1904年開工，並在第一次世界大戰爆發後的1914年8月15日開通，全長約80公里。原本加勒比海與太平洋之間的航路需要1個月的時間，在運河開通後縮短成10個小時。

日本郵船——德島丸於1914年成為第一個航行巴拿馬運河的日籍船隻。

2016年擴張後，連載運量達原本3倍的大型船隻也可通行。

最深處約12公尺。據說建設過程挖走1億5000萬平方公尺以上的砂土。

巴拿馬運河條約

1903年11月締結的巴拿馬運河條約，使美國掌握運河一帶的主權，後來於1999年12月31日歸還給巴拿馬。

小知識 曾參與蘇伊士運河建設的法國前外交官雷賽布，在巴黎設立了巴拿馬運河股份有限公司，從1881年起參與巴拿馬運河建設案，沒想到卻遭逢禍事，包括當地的熱帶疾病造成兩萬多人死亡等，最後以失敗告終。

王儲夫婦於拉丁橋遇刺 世界規模的大戰一觸即發

●挖掘約三萬公里戰壕的戰爭

一九一四年六月二十八日，奧地利王儲夫婦在波士尼亞的首都塞拉耶佛的拉丁橋，遭塞爾維亞青年暗殺。這起事件造成奧地利對塞爾維亞宣戰，德國、鄂圖曼帝國與保加利亞站在奧地利這一邊（同盟國），俄羅斯、法國、英國與義大利等二十七個國家，則與塞爾維亞盟友的身分參戰（協約國），戰爭演變成世界規模（第一次世界大戰）。

第一次世界大戰成了空前的總體戰，各國均蒙受大批死傷。且受到德國的無限制潛艇政策影響，原本保持中立的美國也於一九一七年四月以協約國身分參戰。一九一八年九月至十月期間，保加利亞、鄂圖曼帝國與奧地利陸續投降，同年十一月德國國內爆發革命，皇帝威廉二世亡命荷蘭，隨之成立的德意志聯邦共和國政府與協約國簽定休戰條款，至此第一次世界大戰宣告落幕。

成為第一次世界大戰導火線的塞拉耶佛事件

1914年6月28日，奧地利王儲法蘭茲‧斐迪南大公夫婦前往塞拉耶佛視察軍隊演習，結果在拉丁橋遭塞爾維亞人——普林西普狙擊而喪命。

事件現場的拉丁橋
橫跨米里雅茨河的拉丁橋在16世紀建成時是木橋，後來改建石橋，1799年變成現今模樣。長約40，寬約4.5公尺。

塞拉耶佛舊市政廳
法蘭茲夫妻的歡迎典禮會場所在的市政廳，是融合伊斯蘭與拜占庭樣式的建築物，建造於奧匈帝國時代的1894年。第二次世界大戰後成為國立圖書館，但是在波士尼亞戰爭（1992年）中燒毀，後於2014年重建。

艾爾茨泰登城堡城
法蘭茲的妻子蘇菲身分較低，因此無法被視為皇后，這使夫妻倆不得葬在哈布斯堡家族的皇家墓所——嘉布遣會教堂，而是法蘭茲的居城艾爾茨泰登城堡。

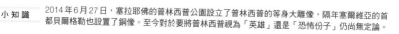

小知識　2014年6月27日，塞拉耶佛的普林西普公園設立了普林西普的等身大雕像，隔年塞爾維亞的首都貝爾格勒也設置了銅像。至今對於要將普林西普視為「英雄」還是「恐怖份子」仍尚無定論。

｛戰壕戰使戰事陷入膠著｝

西部戰線挖掘戰壕以躲避槍砲攻擊，形成有進有退的攻防戰。1916年英法聯軍與德國在法國索姆河交戰，兩軍總計死者超過40萬人。

索姆河的戰壕

兩軍在索姆河展開了約5個月的戰壕戰，且夜間開火的頻率很高，讓士兵處於不知何時會被攻擊的嚴酷環境中，許多人都罹患了精神疾病。

第一次世界大戰結束前挖了約32200公里的戰壕，並在戰壕前設置鐵絲網以避免敵軍接近。側面則以木板或砂石袋補強。

新兵器的引進

英國為了突破戰壕，搶先全球將戰車投入實戰，此外也使用了轟炸機與毒氣等。

《西線無戰事》

曾經從軍的德國作家雷馬克創作了小說《西線無戰事》，描述了儘管前線陷入悽慘的戰壕戰，仍向軍司令部報告「西線無戰事」的情態。

建築小故事

誕生於第一次世界大戰的蘇維埃社會主義共和國聯盟

第一次世界大戰期間的1917年3月，有士兵參與了俄羅斯首都聖彼得堡的勞工反戰示威，導致帝政瓦解（俄國二月革命）。11月，布爾什維克黨（共產黨的前身）領袖列寧等人成立了蘇維埃俄羅斯（俄羅斯革命政府，俄羅斯十月革命）。革命政府於1918年3月與德國簽訂布列斯特－立陶夫斯克條約。大戰落幕後的1922年，與白俄羅斯、烏克蘭、外高加索聯邦一起組建蘇維埃社會主義共和國聯盟（簡稱蘇聯），第二次世界大戰結束後，組成蘇聯的共和國成員數量多達15個。

遇襲的冬宮

帝政瓦解後的俄羅斯雖然組織起臨時政府，但是革命軍於1917年11月7日攻陷臨時政府的據點——冬宮。

冬宮創建於1764年，以走廊與葉卡捷琳娜二世收藏美術品專用的小艾爾米塔什、舊艾爾米塔什等相連，十月革命後轉型成艾爾米塔什美術館本館。

遷都至莫斯科

1918年3月，蘇維埃政權將首都遷至莫斯科，將政府主要機關都設置在克里姆林宮。現今俄羅斯聯邦的總統府與官邸也設在此處，仍保有政治中樞的地位，面向城牆（全長約2.2公里）東北側的紅場中央設有列寧墓。

列寧墓是蘇聯時代的象徵。

小知識　有人認為美國之所以參戰，是擔心英法等落敗後會拒絕履行債務。／戰後東歐各國紛紛獨立，包括愛沙尼亞、拉脫維亞、立陶宛、波蘭、芬蘭、捷克、斯洛伐克、匈牙利、南斯拉夫。

從國際金融中心華爾街蔓延開來的經濟恐慌

●繁榮的象徵——摩天大樓

第一次世界大戰後，戰場所在的歐洲世界面臨荒廢且經濟停滯的局面，同時間美國則成長為世界最大經濟大國。美國在戰時保持中立之餘，也購買了英國與法國的戰債並輸出物資給這些國家，透過大發戰爭財的方式，從債務國轉為債權國。紐約的華爾街也取代倫敦金融城成為國際金融中心。

空前的繁榮降臨於一九二〇年代的美國，社會開始大量生產與消費汽車與家電等，但是二〇年代末期的產量大於需求，進入供過於求的時代。儘管景氣下滑，企業的股價卻持續上升，一九二四年起五年之間紐約的道瓊指數甚至漲到約五倍。然而一九二九年十月二十四日，華爾街的證券交易所的股價崩盤，銀行與企業相繼破產，失業人數攀高至一千萬人以上。恐慌的浪潮在蘇聯以外的世界各地擴散，演變成世界性的大恐慌。

成為世界經濟中心的華爾街

華爾街位在紐約的曼哈頓南部，18世紀起開始有商人居住此地，1784年紐約銀行（現在的紐約梅隆銀行）開幕，1792年開設了紐約證券交易所，此後便以金融街的地位步向繁榮。

源自於防禦木柵
17世紀時這裡的荷蘭城鎮為了抵抗外敵，建造了防禦用木柵（Wall），因此變衍生出華爾街（Wall Street）這個名稱。

紐約證券交易所
原本是在桐亭咖啡館進行交易，1817年成立了專用的交易會所。

新古典主義
現在的建築物是1903年建造，特徵是猶如古希臘神殿的立面。

2021年5月底的上市企業數量達1932家，市值約672兆元，規模為世界最大。

「黑色星期四」
造成大蕭條的主因是1929年10月24日的股市崩盤，由於發生日是星期四，所以便稱為「黑色星期四」。

小知識　1910年代，福特汽車引進了使用履帶平面輸送機的生產方式，使T型車得以量產與實現低售價，連一般大眾也能夠輕易購車。

❨ 美國的繁榮象徵「摩天大樓」❩

第一次世界大戰後，美國經濟達到空前繁榮，紐約陸續建起了人稱「摩天大樓」的高樓大廈。

帝國大廈

1931年落成時的高度為381公尺，1951年增設電波塔後便達443.2公尺，接下來的40年間都是世界最高建築物，但是建設期間發生經濟大蕭條，因此完工後有段時間幾乎都是空屋。

當時的都市計畫法規定必須確保周邊建築的日照，所以愈往上層就愈細，藉此將大廈的陰影面積縮至最小。

克萊斯勒大廈

汽車公司克萊斯勒為展現企業榮光而建設，1930年開工，完工前夕裝設了約38公尺的尖塔以增高至319公尺，成功在與曼哈頓銀行大樓（現在的川普大樓）的高度競賽中取勝。

第聶伯河水力發電廠是列寧於1920年制訂的國家電化計畫之一，全長760公尺、高60公尺，發電量達558000千瓦。

> **歷史秘話**
> ### 在經濟大蕭條期間 實現高度經濟成長的蘇聯
>
> 1928年，蘇聯獨裁者——史達林展開了第一次五年計畫，著手農業集團化與重工業養成，以煤礦建設與集團成形為主軸，第二次從1933年開始，第三次則從1938年開始。因此在各國深陷大蕭條的期間，唯獨蘇聯實現了高度經濟成長，當時擁有歐洲最大水力發電廠（第聶伯河水力發電廠）的札波羅熱更是以重工業都市獲得急遽發展。

小知識　富蘭克林・羅斯福總統為因應經濟大蕭條實施了新政，1933年設立了田納西河谷管理局，藉由擴大公共建設（興建諾里斯水壩等）以降低失業率。

推動公共建設降低失業
希特勒的經濟重振計畫

● 高速公路等的建設

第一次世界大戰後，在帝制瓦解、以共和體制重新出發的德國，向美國融資振興國內工商業，經濟慢慢復甦，也力圖恢復國際關係（於一九二六年加入國際聯盟）。然而，隨之而來的大蕭條使得美國不得不回收海外資金，對德國復甦中的經濟造成莫大打擊。銀行與企業陸續倒閉，一九三二年時的失業人數甚至突破六百萬人。

列強紛紛實施集團經濟策略，在本國與殖民地間建立具排他性的貿易圈，藉此度過經濟蕭條。這使得沒有殖民地的德國經濟益發低迷，在如此大環境中的一九三三年一月，獲得軍方與資本家支持而踏上執政大位的，正是國家社會主義德意志勞工黨（納粹）的希特勒。希特勒取締共產黨、解散其他政黨，建立了一黨專制後，藉由興建高速公路（Autobahn）等公共建設改善失業問題，同時也強化軍備以恢復景氣。

〔 國會縱火事件 〕

1933年2月27日爆發了國會縱火事件，希特勒公開譴責犯下此案的共產黨員並取締共產黨，後來在3月5日舉行的全民公投中，納粹黨獲得了288議席，實現單獨過半，進而構築了一黨專制。

德國國會大廈
1894年，德意志帝國的首都柏林建造了新的國會大廈，縱火事件後就改為科羅爾劇院（1951年拆除）開會，使德國國會大廈成為實質上的廢墟。

象徵德國再統一的透明性
1990年東西德統一後，國會大廈拆到僅剩牆壁後，又在復原工程中設置了玻璃圓頂，象徵德國再統一的開放與透明，圓頂直徑為40公尺。

小知識　第一次世界大戰後德國被判處1320億黃金馬克的賠償金，等同於當時德國國家預算的20年份。／大恐慌前的納粹黨只有12議席，到了1930年就提升至107議席，1932年更是將勢力擴大至233議席，成為第一大黨。

❴ 為救濟失業者所興建的高速公路 ❵

經濟大蕭條造成德國經濟低迷，希特勒為解決失業問題興建了高速公路等公共建設，此外也強化軍需產業，將失業人數降至逼近0的程度。

高速公路

科隆至波昂間的20公里道路（現在高速公路555號線的一部分），建造於共和國時代的1928～1932年間，是高速公路的起點。

希特勒規劃的高速公路總長達14000公里，並於1933年9月開始建設，一直到工程因第二次世界大戰中斷的1942年止，共打造了3859公里。戰後仍持續建設至今，目前的總長度為153000公里。

軍用道路的特徵

雙向車道中間設有綠地，以混凝土、瀝青鋪設的兩側車道寬7.5公尺，由於是軍用道路，所以特徵是直線很長且一律為立體交錯。參與高速公路建設的人們，都住在工地附近的營地。

高速公路上的集合住宅

1976～1981年間，柏林高速公路上建設了全長600公尺、高40公尺的集合住宅（施蘭根巴德高速公路集合住宅），總共約1200戶。

德國的惡性通貨膨脹

1923年，法國與比利時出兵攻打付不出賠償金的德國，占領了德國最大工業地區魯爾區。魯爾區生產的煤與鋼鐵占德國產量的7～8成，這次的停止生產導致相關產業跟著停擺，德國經濟進一步惡化。德國的中央銀行——德意志帝國銀行為了維護國民生活大量印鈔，造成了劇烈的通貨膨脹，甚至達到1美元可兌換4兆2000億馬克的地步。施特雷澤曼總理任命銀行家亞爾馬·沙赫特為中央銀行的總裁，發行了與國

沙赫特在納粹政權下同樣負責財政，戰後被視為戰犯接受紐倫堡審判，最終獲判無罪

有地等不動產息息相關的地產抵押馬克，以1比1兆收購舊馬克，並將土地資產價值設定為紙鈔發行量的上限，藉此改善了通貨膨脹。

小知識 1938年，希特勒在狼堡開設了福斯汽車製造工廠，生產廉價汽車企圖使汽車在國民間普及化，卻因第二次世界大戰的爆發而停擺。當時負責設計的是高級跑車品牌——保時捷的創始人斐迪南·保時捷。

納粹建設奧斯威辛集中營
猶太人種族滅絕的傷痕

●虐殺一百萬人

經濟在希特勒統治下迅速復甦的德國，在一九三九年以瓜分波蘭的條件，與蘇聯簽訂德蘇互不侵犯條約，隨後開始進攻波蘭。英國與法國見狀立即對德國宣戰，進而引爆第二次世界大戰。德軍勢如破竹，一九四○年就攻下丹麥與挪威、五月則獲得比利時與荷蘭，六月更壓制了法國。希特勒將俘虜與猶太人都送往奧斯威辛集中營，並以毒氣等虐殺。

一九四一年六月，希特勒背棄條約進攻蘇聯，美國與英國轉而支持蘇聯；另一方面，日本攻擊夏威夷珍珠港也促使美國正式參戰，擴大第二次世界大戰的戰線。至此形成以美、英、蘇為主的同盟國，對抗由日、德與盟國所組成的軸心國。同盟國的攻勢逐漸增強，一九四三年義大利投降，一九四五年五月德國終於投降，日本也於九月二日在美國戰艦密蘇里號上簽訂投降文件，這場大戰終於宣告落幕。

〔傳遞戰爭悲劇的負面文化遺產〕

納粹德軍轉眼間就占領了波蘭與法國等，奪走了猶太人等許多的性命。
各地的負面文化遺產，就將這些悲劇流傳後世。

奧斯威辛集中營的監視塔。

鐵路直通集中營內部，德方會在貨物裝卸月台挑選用列車從歐洲各地載來的人們，認定不適合勞動者就會被送往毒氣室。

奧斯威辛集中營

第二次世界大戰中，納粹德國在各地設置集中營。其中位在波蘭南部奧斯威辛的三處集中營，於1941～1945年期間虐殺了100萬人以上的猶太人。

《安妮日記》

猶太裔德國人安妮・弗蘭克一家於1944年被送往奧斯威辛集中營，安妮隔年就因斑疹傷寒在15歲時離世，戰後倖存的父親出版了《安妮日記》出版。

奧拉杜爾大屠殺

1944年6月10日，納粹進攻法國西部的奧拉杜爾村，幾乎所有村民都慘遭虐殺，建築物也被燒光。

化為廢墟的村莊至今仍維持當時的模樣。

村長的愛車PEUGEOT 202。

造就戰後冷戰局勢的雅爾達會議

1945年2月，美國總統羅斯福、英國首相邱吉爾、蘇聯總理史達林聚集在克里米亞半島的雅爾達，討論戰後收拾的相關協定（雅爾達會議）。

里瓦幾亞宮的會議

俄羅斯皇帝尼古拉二世於1911年建造的離宮，1945年2月4日～11日的雅爾達會議就辦在此處，內部仍保有會議期間使用的圓桌等。

戰後收拾的決議

德國由美國、英國、法國與蘇聯這4個國家瓜分，蘇聯獲得波蘭東部（減少的領土就從德國領地切割，使波蘭領土往西擴張），並決議恢復日俄戰爭時失去的舊俄羅斯帝國領地（千島、樺太與大連的租借權）等，造成了日後日俄兩國的北方領土問題。

美國與蘇聯訂下占領朝鮮半島的體制，完成了戰後的冷戰構造。

為什麼要對日本丟下原子彈呢？

1945年7月16日，美國在新墨西哥州沙漠的原子彈實驗成功，杜魯門總統決定只要日本不願意無條件投降，就要動用這個新兵器，據說同時也打算讓蘇聯見識美國的軍事實力以掌握戰後主導權。26日，美、英、中對日本發布波茨坦公告，要求日本無條件投降，日本卻選擇無視，因此美國便於8月6日在廣島投下原子彈，9日則為長崎。由於蘇聯也於8日對日本宣戰，所以14日便決定接受了波茨坦公告。

1915年為振興廣島產業所打造的圓頂屋也遭原子彈破壞，只剩下骨架與部分牆壁。

小知識　1945年4月30日，蘇聯軍進攻德國的首都柏林，躲在總理府地堡的希特勒自殺身亡，後來官方繼續隱匿地堡的存在，但是現在已經改造成停車場了。2006年甚至還設置了標出地堡位置的招牌。

瀕危世界遺產

世界遺產指的是繼承歷史的人類共通文化財產與自然資源，世界遺產的設立契機是一九六○年尼羅河上流域的亞斯文水壩（→129頁）建設工事。這場建設使阿布辛貝神殿（→17頁）等努比亞遺跡面臨淹沒的危機，因此 UNESCO（聯合國教育、科學及文化組織）便決定展開保護與保存遺跡的活動，將這些遺跡遷至現在位置。受此影響，一九七二年頒布了《保護世界文化和自然遺產公約》，至二○二一年八月止已經登記了八百九十七件文化遺產、兩百一十八件自然遺產與三十九件複合遺產。

但是其中有許多件暴露於天災、戰爭、開發與環境污染等危機中，遺產本身有損毀的風險。現在「瀕危世界遺產名單」裡就包含了二○一五年慘遭空襲的沙那古城（葉門）、內戰不斷的大馬士革古城（敘利亞）等五十二件。

受戰火影響而列入名單的主要「瀕危世界遺產」

賈姆的宣禮塔及考古遺址（阿富汗）

12世紀，土耳其裔伊斯蘭王朝——古爾王朝的蘇丹建造了高65公尺的宣禮塔，據說印度的古達明納塔（→P59）就是依此設計的。

受到這一帶長年武力紛爭、違法挖掘與河水倒灌等問題影響，面臨倒塌的危機。

2001年3月，禁止偶像崇拜的伊斯蘭武裝組織塔利班破壞了大佛。

巴米揚山谷文化地景及考古遺址（阿富汗）

遍布著1～13世紀建築的石窟寺院，約達1000座。高達55公尺與38公尺的兩尊巨大佛像是西元4～5世紀建造，曾是世界最大規模的立像。

大馬士革古城（敘利亞）

西元前3000年左右建造，是世界上最古老的都市之一，並在西元7～8世紀成為伊斯蘭王朝——倭馬亞王朝的首都。

阿茲姆宮是鄂圖曼帝國時代的18世紀，大馬士革省長阿茲姆為自家打造的住宅。

因2011年爆發持續至今的敘利亞內戰承受莫大損害，使大馬士革古城等6件敘利亞國內的世界遺產都被指定為瀕危世界遺產。

亞述古城（伊拉克）

西元前2500年左右建築的新亞述帝國第一個首都，從遺跡中找到了宮殿與金字形神塔等帝國遺構。

2003年爆發的伊拉克戰爭與內戰使面臨極高的損壞風險，此外也因水壩建設計畫面臨遭水淹沒的危機。

沙那古城（葉門）

傳說是《舊約聖經》中登場的諾亞之子「閃」所建，西元前10世紀左右因乳香交易而繁榮，因此用日曬磚建造高層住宅以保護財富。

2015年爆發內戰，沙烏地阿拉伯的空襲而蒙受嚴重損害。

古達米斯老城區（利比亞）

西元前8世紀左右形成的綠洲都市，以撒哈拉沙漠的交易中繼站而繁榮，特徵是在日曬磚上塗抹石灰的白色建築物。

利比亞自2011年格達費獨裁政權瓦解，就深陷內戰，政局不穩，因此國內5件世界遺產均被列入瀕危世界遺產。

第5章

現代

華盛頓山歐姆尼度假酒店決議美金為世界貨幣

●美國主導世界經濟

第二次世界大戰期間的一九四四年七月，同盟國四十四個國家代表聚集在美國東北部的度假勝地布列敦森林的華盛頓山歐姆尼度假酒店，討論戰後經濟，會上決議設立ＩＭＦ（國際貨幣基金組織）與ＩＢＲＤ（國際復興開發銀行，又稱世界銀行），並從戰後的一九四五年十二月起正式營運。

另一方面，國土在第一次世界大戰中並未淪為戰場的美國，同時又因戰爭特需大幅提升出口量，這為美國帶來了貿易黑字，到了第二次世界大戰後，全球更是有約七成黃金都集中在美國。因此布列敦森林會議也決議將已經與黃金密不可分的美金視為世界貨幣，採用以美金為基準計算各國幣值的制度。

一九四七年，締結國際貿易規範ＧＡＴＴ（關稅暨貿易總協定），致力降低關稅與撤除貿易限制。美國因自由貿易大幅增加出口量，主導了全球的經濟。

｛訂立戰後的世界經濟體制｝

1944年7月22日在華盛頓山歐姆尼度假酒店舉辦的布列敦森林會議中，同盟國締結了《聯合國貨幣與金融會議最終議定書》，決定將美金視為世界貨幣以穩定全球匯率、促進國際貿易。

華盛頓山歐姆尼度假酒店

這家位在華盛頓山麓（標高1917公尺）的飯店開幕於1902年，已經被指定為國家歷史名勝。

世界首創登山列車

通往華盛頓山山頂的齒軌登山列車，於1869年開通，山麓與山頂之間的車程約45分鐘，是由後方的蒸汽火車推動載客車廂前進。

小知識　布列敦森林會議決定將黃金1盎司（約30公克）固定為35美元，當時1美元＝360日圓。

《 獲得世界銀行支援的日本基礎設施 》

因戰火而荒廢的日本為了重建基礎設施，向世界銀行融資總計8億6300萬美元，並用來建設了東海道新幹線、黑部川第四發電廠、首都高速公路等。戰後成功復興的日本，於1990年還清對世界銀行的借款。

黑部川第四發電廠

東海道新幹線

不再需要融資

歷史祕話　**布列敦森林體制的結局**

雖然美國以美金為武器，主導第二次世界大戰後的世界經濟，但是1960年代起，從戰爭損害中復興的西歐各國與日本都提升了對美輸出，結果在1971年轉為貿易赤字。此外，為了阻止共產主義蔓延到東亞而發起的越南戰爭（→P157），造成美國軍事費用增加、社會福利支出攀升等，也都使財政收入不敷出，黃金持有量急劇減少，這使尼克森總統決定停止美金與黃金的兌換（尼克森衝擊）。最終導致以美金為世界貨幣的布列敦森林體制告終，主要各國也轉往浮動匯率制。

　小知識　世界銀行總行位在華盛頓哥倫比亞特區，現在的建築物完工於1996年，負責設計的KPF（Kohn Pedersen Fox Associates）也為日本設計了東京大手町塔、六本木森林大樓、名古屋車站的JR中央大廈等建築物。

組織機能全數集中 聯合國總部設立紐約

● 各國建築師參與的聯合國大廈設計

一九四五年十月，為維持世界的永久和平成立了國際機構——聯合國，共有六個主要機關，分別是大會、安全理事會、經濟暨社會理事會、託管理事會、國際法院與祕書處，除了設在荷蘭海牙的國際法院，其他機關都設在紐約聯合國總部。權限最大的安全理事會常任理事國為美國、蘇聯、英國、法國、中國（蔣介石統治的中華民國）。

聯合國的地位與維持國際和平的國際聯盟相當，但是國際聯盟對破壞和平的國家只能施以經濟或外交制裁，所以沒能阻止第二次世界大戰這場國際悲劇，因此聯合國新設軍事制裁的權限。另一方面，國際聯盟時期的決議必須所有會員國達成一致，聯合國則採取大國一致原則，一般情況下採多數決，唯有常任理事國中任一國發動否決權時就不能成立。

設在紐約的聯合國總部

1945年10月24日成立的聯合國有51個會員國（截至2021年3月已經有193個國家）。1946年在倫敦舉辦的第1屆大會決議要將總部設在美國。

聯合國大廈

1953年，聯合國用洛克斐勒二世捐贈的850萬美元購得的土地，以及紐約市捐贈的土地建設了39層高的祕書處大廈、大會堂、會議廳大廈與哈馬捨爾德圖書館。

柯比意的原案

祕書處大廈的設計草案由法國建築師柯比意負責，實際設計與施工則由美國建築師華萊士‧哈里森負責，這棟高164公尺、寬86公尺、縱長22公尺的直方體大樓的特徵是玻璃立面，窗戶數量多達5400扇。

大會議場　　祕書處大廈

聯合國大會議場

每年9月～12月都會舉辦大會，各國代表團均有6席，共計1898席。全部座位都設有耳機，能夠聽見聯合國的正式語文（阿拉伯文、中文、英文、法文、俄羅斯文、西班牙文）口譯，大會議場的設計是由柯比意的學生奧斯卡‧尼邁耶負責。

小知識　柯比意在日本唯一參與的上野國立西洋美術館完工於1959年，當時是柯比意提供基本設計，其學生坂倉準三、前川國男、吉阪隆正負責實際施工用的設計。

東德與西德的分裂象徵 豎立逾四十年的柏林圍牆

● 導火線是新貨幣「德國馬克」的流通

第二次世界大戰後，西歐各國都致力於推動復興政策，大戰期間被蘇聯占領的東歐各國則開始發展社會主義體制。一九四七年三月，美國的杜魯門總統宣布了封鎖社會主義圈的政策，正式為歐洲世界的自由主義的西歐與社會主義的東歐劃下界線，進入「冷戰」的時代。

冷戰也對戰後德國造成影響。德國在戰後分成美國、英國與法國占領的西德，以及蘇聯占領的東德，連位處東德的柏林也分割成東西兩側。一九四八年六月在美國主導下，西德發行新貨幣「德國馬克」，對此感到威脅的蘇聯，立即以軍事手段封鎖東西柏林的邊界（柏林封鎖），直到一九四九年五月才解除。同年九月，西德成立德意志聯邦共和國，東德則於十月成立德意志民主共和國。一九六一年，德意志民主共和國在東西柏林間建築圍牆，阻斷了交通往來。

《 成為東西冷戰象徵的「柏林圍牆」》

東西德分裂後，東德人陸續透過西柏林逃往西德，因此東德於1961年8月13日建設「圍牆」封鎖前往西柏林的道路。

柏林圍牆
總長155公里，原本只有帶刺鐵網，後來變成高約3公尺的鋼筋混凝土。

不斷出現的逃亡者
嘗試翻牆的逃亡者前仆後繼，據說直到1989年解放為止有超過3000人遭逮捕，約200人死亡。

上端設有帶刺鐵網，監視塔達300座以上。

柏林圍牆倒塌
1989年匈牙利開放了與中立國奧地利之間的邊境，讓許多東德市民得以透過匈牙利逃跑。東德國內也開始推動民主化，並於11月9日推倒了柏林圍牆，當時有數千名柏林市民聚集在東西柏林邊界的布蘭登堡門慶祝解放。

小知識　冷戰時代，美國與英國從西柏林挖設全長450公尺、通往東柏林的隧道，並設置電話線竊聽裝置以監聽蘇聯的通話。

昔日城門成為新象徵 天安門宣告的建國宣言

● 在皇城門上設置新的中國象徵

第二次世界大戰期間的中國，蔣介石率領的國民黨與毛澤東領導的共產黨產生激烈對立，戰後的一九四六年六月爆發國共內戰，結果獲得蘇聯支援的共產黨擊敗了獲得美國援助的國民黨。

一九四九年十月一日，在北京紫禁城（→99頁）天安門上，毛澤東宣布中華人民共和國建國。新政府票選毛澤東為主席、周恩來為總理，首都定為北京。

新政府決定向蘇聯靠攏，因此一九五○年二月締結了《中蘇友好同盟互助條約》。

向蘇聯融資的新政府於一九五三年展開第一次五年計畫，推動農業集團化與工業化，一九五八年展開第二次五年計畫（俗稱大躍進），並成立了名為人民公社的農業生產合作社。

戰敗的蔣介石後來則逃至台灣，並主張中華民國才是正統政權。

1949年9月，將中國全境收入囊中的共產黨，在北京舉辦人民政治協商會議，聚集了反對國民黨的勢力。票選毛澤東為國家主席、周恩來為總理，中華人民共和國正式建國。

清朝的天安門

紫禁城一帶曾為皇親貴族等居住的宮城區域，目城牆圍同，皇城東南西北各有城門，南邊的承天門在清朝改稱天安門。

建國之父──毛澤東

天安門中央現在仍有孫中山似的毛澤東肖像。2021年7月1日共產黨創立100年典禮中，習近平國家主席也穿著同款服裝發表演說。

中华人民共和国万岁　世界人民大团结万岁

小知識

蔣介石逃到台灣後，國民黨就以軍事獨裁體制統治台灣，直到1988年當上總統的李登輝推動民主化，並在2000年的總統選舉中由民主進步黨的陳水扁勝選，實現了政權轉移。雖然政權再度回到國民黨手中，但是2016年又誕生了第二次的民進黨政權。

中國武力統治下的西藏

1950年，中國將人民解放軍派至西藏，隔年並以武力統一，也於1959年用武力鎮壓全境發生的起義。後來西藏的精神領袖達賴喇嘛十四世逃亡印度，並建立流亡政府。

聖地布達拉宮

[illegible]

會轉世的達賴喇嘛

[illegible]

歷史祕話 天安門事件

1970年代末期至80年代之間，中國隨著鄧小平的改革開放路線，農業、工業、國防、科技等都成功近代化。鄧小平積極吸引海外資金與技術，並將廣東省的深圳等地設為經濟特區，農村方面則解散人民公社，引進家庭聯產承包責任制，同時推動國營企業的預算獨立，將國家從計畫經濟帶往市場經濟。這個時期國內對共產黨獨裁專制的批判與追求政治民主化的聲浪高漲，1989年4月學生們為了追悼認同民主化運動的總書記胡耀邦，聚集在北京的天安門廣場，並與北京市民一起展開抗議共產黨的示威遊行。6月4日，鄧小平派人民解放軍鎮壓，據説造成2000人以上的犧牲者，且有超過3萬人受傷。

[illegible]年，天安門廣場設置了高約[illegible]公尺的人民英雄紀念碑，以追悼在國共內戰等的戰死者。

小知識 西藏聖地大昭寺是西藏第一個統一王朝——吐蕃時代的7世紀創建。相傳本尊的釋迦牟尼像是松贊干布從大唐帝國迎娶的王妃文成公主帶來的。

北緯三十八度線的非戰區
板門店至今仍局勢緊張

● 並非國境的軍事界線

二戰後，朝鮮半島以北緯三十八度線為界，北由蘇聯占領，南由美國占領。一九四八年八月，南朝鮮在美國主導下成立由李承晚出任總統的大韓民國（韓國），北朝鮮則在蘇聯主導下於九月成立由金日成任職主席的朝鮮民主主義人民共和國（北韓）。南北韓之間為統一掀起對立，一九五〇年六月二十五日，北韓侵略韓國占領首爾，支配整個朝鮮半島。

為了避免共產勢力擴大至亞洲全區，美國透過聯合國安全理事會取得將北韓行徑視為侵略的共識，派遣聯合國軍隊於九月在仁川登陸搶回首爾，後來甚至跨越北緯三十八度線北上，將北韓軍隊逼到與中國交界的鴨綠江。中國宣布「抗美援朝」後派遣中國義勇軍助陣，終於逼退聯合國軍隊，雙方在北緯三十八度線陷入膠著，隨著戰爭時間拉長，雙方決定於一九五三年七月在板門店簽訂停戰協定。

﹝板門店上的軍事境界線﹞

1953年7月27日、韓國與北韓間在雙方之間的非武裝中立區域──板門店簽訂了韓戰的停戰協定，但是至今仍尚未真正談和。

北側的板門閣
軍事境界線的北側有間3層樓高的聯絡事務所「板門閣」，建設於1969年，並於1994年增建。

共同區域的設施
由軍事境界線橫過的共同警備區域，南北長400公尺、東西長800公尺，區域內有照片中的軍事停戰委員會會議室、南側的會議室「和平之家」與北側的會議室「統一閣」等建築物。

軍事界線

歷史祕話　南北越在越南戰爭後統一

越南與朝鮮半島一樣，北部在蘇聯與中國扶植下成立越南民主共和國，南部則為美國支持的越南國（後來的越南共和國）。1960年，北越在南越組織了反美與反親美政權的越南南方民族解放陣線，美國為了避免共產主義擴大而出手，並於1965年開始轟炸北越。然而隨著戰爭時間拉長，美國輿論開始傾向反戰，因此1973年尼克森總統宣布撤軍。後來解放陣線於1975年占領南越西貢（現在的胡志明）的總統官邸，終結了這場戰爭。1976年南北正式統一，成立了越南社會主義共和國。

為了躲避轟炸，而將軍司令官室與通信室等都設在官邸地下。

舊總統官邸

前身是諾羅敦宮，建造於法國統治時代的19世紀。1955年越南共和國誕生後，改稱「獨立宮」。

曾在1962年的政變慘遭破壞，並於1966年重建，此後就做為總統官邸使用，南北越統一後就改名為「統一會堂」並對外公開。

昇龍皇城遺址的防空洞

昇龍皇城（現在的河內）從11～19世紀都是各王朝的首都，相當繁華。越南是在2002年建設新國會大廈時發現這些遺跡的。

1965年挖掘的防空洞就位在昇龍皇城遺址，北越軍的參謀總部作戰局就設在此處，攔截美國戰鬥機的信號等通訊情報。

小知識　韓國側的非武裝地區設有大成洞（自由村），人口約200人，雖然生活在此處必須遵守嚴格規定，但除了免稅與免除兵役外，也是韓國國內第一個引進次世代通訊規格5G的地方。

歐洲共同體的誕生
跨越長年對峙的歷史

● 邁向共通貨幣、政治整合

經歷世界大戰後終於復興的西歐各國，決定構築跨國的經濟合作體制。因此一九五二年的法國、西德、義大利、比利時、荷蘭、盧森堡組成了歐洲煤鋼共同體（ECSC），想藉此跨越德法長年來爭奪煤與鋼鐵產地亞爾薩斯—洛林而對立的過去，藉由共享原料消除糾紛來源，一九五八則設立歐洲經濟共同體（EEC）與歐洲原子能共同體（EURATOM），最後於一九六七年整合三大機構，成立了歐洲共同體（EC）。

原本英國並未參與，而是與奧地利、瑞士、葡萄牙、瑞典、挪威與丹麥等國組成歐洲自由貿易聯盟（EFTA），但是眼看EC有了顯著發展，便於一九七三年退出EFTA改加入EC。最後EC內部更設置共通貨幣，甚至設立了歐洲議會以利政治方面的整合，最後於一九九三年成立了歐盟（EU）。

《 洛林地區殘存的鋼鐵廠遺跡 》

亞爾薩斯－洛林擁有歐洲屈指可數的鐵礦岩層，因此在19世紀中期因鋼鐵業而繁盛。1878年能夠去除雜質（磷等）的湯瑪斯煉鋼法問世，使這個地區又進一步發展。

於康日鋼鐵廠

建築時間為1890～1904年間，位在洛林地區的摩澤爾，曾將U座高爐產出的生鐵貢獻給第二次世界大戰後的工業復興，卻於1991年關閉，現在已經轉型成公園。

1997年蒙魯日礦山封閉後，洛林的控礦事業宣告結束。

亞爾薩斯－洛林地區

中世紀屬於神聖羅馬帝國，三十年戰爭後成為法國領土，普法戰爭後又成為德國領土。第一次世界大戰後再度回歸法國。第二次世界大戰中一度被德國占領，但是戰後又變成法國領土。

煙囪高約82公尺

唯一殘存的高爐約71公尺高

〔 羅馬條約的締結促進歐洲團結 〕

1957年3月25日，法國、西德、義大利、比利時、荷蘭與盧森堡的元首在羅馬的卡比托利歐博物館締結羅馬條約，成立了今日歐盟前身的EEC與EURATOM。

卡比托利歐博物館

1471年，羅馬教宗西斯篤四世為收藏捐獻給羅馬市民的藝術品而建造，並於1734年起對外公開，是開放給一般市民參觀的最古老博物館。

米開朗基羅設計的卡比托利歐廣場中央，設有古羅馬皇帝馬可·奧勒留騎馬像（仿製品，1688年從拉特朗宮罢來的正品在館內展覽）。

一片空白的文件

據說因為羅馬條約的版本不慎丟失，唯以各國元首簽署在白紙。

〔 未來風的新歐盟總部大廈「太空蛋」 〕

1993年成立的歐盟總部設在比利時的布魯塞爾，總工程費達3億2100萬歐元（約97億元）的新歐盟總部大廈完工。

改裝文化遺產

由基地內國家文化遺產皇宮的A棟（1927年建造）改裝建成，隨著新歐盟總部大廈完工，歐洲理事會與歐盟高峰會終於能夠集中在同一個地方。負責設計的是比利時建築師塞姆林。

選擇布魯塞爾的理由

比利時國內有荷蘭語圈、法語圈與德語圈，布魯塞爾自古就是交通要衝，因此這個地方可以說是團結歐洲的最佳場所。

小知識　共通貨幣歐元誕生於1999年，2002年起在市場流通。負責歐元發行管理與歐元圈金融政策等的是1998年設立的歐洲中央銀行。歐洲中央銀行的總部在德國的法蘭克福。建在歐州最大果菜市場遺址的新總部大廈，完工於2014年，高約185公尺。

石油貨幣帶來建設風潮 杜拜金光燦爛的高樓大廈

● 石油貨幣的建築風潮

一九四七年，聯合國決議將巴勒斯坦切割成猶太人國家與阿拉伯人國家，但是隔年受到美國支援的猶太人就在巴勒斯坦成立以色列，單方面宣布獨立，引發阿拉伯各國的反彈，爆發了第一次中東戰爭，此後還爆發了三次戰爭。

一九七三年第四次中東戰爭爆發時，阿拉伯石油輸出國家組織（OAPEC）為了報復支援以色列的美國，全面調漲了原油價格，並且對美國與其同盟國家還以原油輸出限制或是停止輸出的政策（第一次石油危機）；一九七九年時再度調漲原油價格（第二次石油危機），冷卻了世界經濟。

然而中東產油國家也因此受惠，國內財政大幅出超，充沛的石油貨幣更掀起了大規模的建設風潮。近年阿拉伯聯合大公國的成員國杜拜，更建設了全球最高的摩天大樓哈里發。

﹛包圍約旦西岸地區的「隔離牆」﹜

1993年，以色列與巴勒斯坦解放組織（PLO）締結了以色列軍暫時撤退，且認同巴勒斯坦人自治的協定（奧斯陸協定）。儘管1995年成立了據點設在約旦河西岸地區與加薩走廊的巴勒斯坦自治政府，雙方至今仍未達成共識。

隔離牆

2002年以色列的夏隆總理認同巴勒斯坦的獨立，同時也以預防恐怖攻擊的名義在約旦河西岸地區設置高約8公尺、全長約700公里的「隔離牆」。

切割巴勒斯坦的城市

以色列將約旦河西岸地區視為猶太人的領地，所以隔離牆超越邊界，建造在巴勒斯坦自治區上面，導致巴勒斯坦的城市一部分也被高牆包圍。2004年，國際法院認定違法而要求拆除，但是以色列在這之後仍持續建設圍牆。

以色列　　　　　　　　　　　　　　　　　　巴勒斯坦自治區

小知識　美國政府為獲得在國內實力堅強的猶太裔財閥支持而協助以色列，第一次中東戰爭後，耶路撒冷被約旦與以色列切割成東西兩側，但是第三次中東戰爭時以色列併吞了東耶路撒冷，並於1980年宣布整個耶路撒冷都是以色列的首都。

全球最高樓「哈里發塔」

阿拉伯聯合大公國之一的杜拜，於2010年完成高達828公尺的哈里發塔，直到2021年10月為止仍是全球最高樓。

仿效清真寺

設計由SOM建築設計事務所的芝加哥事務所負責，參考了西元9世紀建設在伊拉克沙馬來的螺旋狀清真寺，形成外觀獨特的高塔。

55m

螺旋狀的設計是為了因應強風。

由亞曼尼策劃

1～8樓、38 & 39樓的飯店客房、9～16樓的住宅都是義大利設計師喬治・亞曼尼負責策劃。

約使用了25000片反射玻璃，以遮蔽沙漠的強烈日光，盛夏也能保有舒適的室溫。

底部是以抽象的方式，表現出在杜拜沙漠盛開的花卉水鬼蕉（Hymenocallis）。

英國外交與巴勒斯坦問題

歷史祕話

《舊約聖經》提到巴勒斯坦是神賜給猶太人的迦南地，但是西元7世紀起被納入伊斯蘭文化的版圖，成為阿拉伯人的定居地。第一次世界大戰期間，英國為了籌措戰爭經費，與猶太裔財閥羅斯柴爾德商會約定要在巴勒斯坦建設猶太人國家，因此戰後巴勒斯坦成為英國託管地，開放猶太人移居；後來在1930年代受到納粹德國迫害的猶太人也逃來此處，逐漸擴大猶太人的勢力。第二次世界大戰後，猶太人抗議英國不守信用，甚至對英國發動恐怖攻擊，巴勒斯坦也深陷內戰。

小知識　設計哈里發塔的艾德里安・史密斯與戈登・吉爾創設了建築事務所，為沙烏地阿拉伯的吉達設計了高達1000公尺的王國塔。157樓的空中庭園原本打算設置直升機降落場，結果因為太高使得直升機無法降落，只好改成展望台。

展露世界金融中心的野心
莫斯科國際商業中心成立

● 成為高樓大廈林立的都市

一九八○年代，蘇聯經濟陷入嚴重停滯，一九八五年成為共產黨總書記的戈巴契夫宣布要進行從最根本做起的經濟改革。但是開放政策（資訊公開）與引進市場經濟等措施，卻使東歐各國展開民主化運動，一九八九年匈牙利放棄共產主義，一九九○年東德併入西德而組成德意志聯邦，波羅的海國家也脫離蘇聯宣布獨立。一九九一年八月，反對戈巴契夫改革的共產黨保守派政變失敗後，戈巴契夫宣布解散共產黨。十二月時俄羅斯、白俄羅斯與烏克蘭等十一個共和國決定組成獨立國家國協（CIS），蘇聯正式結束。後來俄羅斯成為聯合國安全理事會常任理事國，繼承了舊蘇聯對外的地位。俄羅斯從一九九二年開始在首都莫斯科建設「莫斯科國際商業中心」，企圖計畫打造全球最大的金融街。高樓大廈林立的「莫斯科國際商業中心」，成為歐洲現今數一數二的摩天大樓地段。

歐洲數一數二的高樓區域 — 莫斯科國際商業中心

莫斯科國際商業中心（Московский Международный Деловой Центр）耗費20年建設，2021年9月建設了6棟高度超過300公尺的大廈，包括現在歐洲第二高的聯邦塔等。

國營企業集中在此
原本進駐的企業有8成左右是外商，現在幾乎都是國家機構或國營銀行。

歐亞大樓
高309公尺

聯邦塔
東棟高374公尺，西棟高242公尺。

水銀城市大廈
高339公尺

歐洲及俄羅斯最高的大樓是位在聖彼得堡的拉赫塔中心（高462公尺）。

首都之城
由高約302公尺的莫斯科塔與高257公尺的聖彼得堡塔組成。

涅瓦大廈
原本打算建造高612公尺的俄羅斯塔，但是卻因2008年金融危機停擺，2019年決定在建設預定地打造「涅瓦大廈」，是由高345公尺與290公尺的雙塔組成。

水銀城市大廈
高255公尺

小知識　波羅的海國家為愛沙尼亞、拉脫維亞與立陶宛。／史達林政權下的1950年代，花園環路沿線建築了莫斯科國立大學（239公尺）與外交部（172公尺）等7棟高樓。尖塔頂端則有象徵蘇維埃的五顆星。

促成開放政策的車諾比核事故

1986年4月26日，蘇聯（現烏克蘭）的車諾比核能發電廠4號機爆炸，但是外界卻無從得知現場實況而應對不及，導致災害擴大，因此戈巴契夫便決定推動開放政策，著手改革整個體制。

第一起核災事故

核能發電是在1951年實際登場，當時就有質疑安全性的聲音。1979年3月28日，美國三哩島就發生了核洩漏事故。

淪為廢墟的村莊

核災事故使放射線汙染範圍擴及歐洲全境，以發電廠為中心，半徑30公里以內都在撤離範圍，避難人數多達11萬人以上，許多村莊淪為廢墟，讓世界體認到核災的危險性。

爆炸的4號機

原本計畫建設6座核反應爐，其中4號機從1984年開始運轉，事故發生後6座核反應爐均以混凝土製的石棺封起，但是隨著混凝土老朽，2019年又建設了覆蓋整體石棺的巨大的遮蔽結構體，高達108公尺。但是距事故發生已經35年的2021年，仍無一勞永逸的解決方案。

石棺

歷史秘話　冷戰落幕

1970年代，東西陣營開始推動緩和政策（Détente），西德總理布蘭特也積極與東方展開外交，1972年與東德建交，1973年與東德同時加入聯合國；美國的尼克森總統發表中美共同宣言，到了1979年卡特總統的時代正式與中國建交，另一方面也與蘇聯在1972年5月締結第一階段限武條約（SALT1），在核戰力均衡方面達成共識。1975年更跨越東西陣營的框架，建構了歐洲安全與合作組織（CSCE）。然而1979年7月中美洲的尼加拉瓜由親蘇政權取代了親美政權，12月時蘇聯又進攻阿富汗，使美蘇關係再

1986年時美國的雷根總統與戈巴契夫在冰島雷克雅維克的霍菲迪宅邸舉行會談。

度冷卻。為了改善與美國的關係，戈巴契夫再度舉行美蘇首腦會議，1989年則與美國的布希總統在地中海的馬爾他島上，簽訂終結冷戰的協議書。

小知識　成為俄羅斯聯邦第一任總統的，是曾為俄羅斯共和國總統的葉爾辛，後來普丁於2000年成為第二任總統，於2008年卸任後以總理的身分展現明快的施政風格，2012年再度成為總統。

美國本土首次空中遇襲 瞬間崩塌的雙子星大樓

●日裔美國人設計

二〇〇一年九月十一日，有兩架客機相繼撞上美國紐約的世界貿易中心（設計師為山崎實），造成一百一十層樓高的雙子星大樓瞬間崩塌，導致大量罹難者（美國九一一事件）。

恐怖行動的主嫌是國際恐怖組織——蓋達組織的領袖奧薩瑪・賓・拉登。因為一九九一年由美國主導的多國聯軍攻擊伊拉克時（波斯灣戰爭），美軍隊駐守在包括伊斯蘭教聖地麥加的沙烏地阿拉伯，蓋達組織為報復美國，決定攻擊紐約、國防部等美國政治經濟與軍事的三大據點。

十月七日，小布希總統判斷這起攻擊事件與阿富汗塔利班政權有關時，便與英國聯合進軍阿富汗，試圖扳倒塔利班政權。然而這場戰爭卻未能完全消滅塔利班政權，其勢力後來轉移到阿富汗與巴基斯坦的邊境，以游擊戰的形勢持續反擊。

美國最高的高樓大廈

美國911事件連同24名日本人在內共有約3000人罹難者，事發後13年的2014年，世界貿易中心一號大樓在崩塌地世界貿易中心遺址完工。

高度數字＝獨立年

這棟象徵「復活」的大樓高度1776英尺（541公尺），源自於發表美國獨立宣言的年分，希望藉此喚醒建國時的理念。

地基大小與當初的雙子星大樓幾乎相同，由SOM建築設計事務所設計。

原爆點的重新開發

原爆點（Ground Zero）意指大規模爆炸中心點，而911事件的原爆點已經建設了包含世界貿易中心一號大樓在內的4棟高樓、紀念碑、博物館與車站，2013年完工的四號大樓（298公尺）是由日本建築師槇文彥負責設計。

2011年，美國的歐巴馬總統宣布發現了賓拉登在巴基斯坦的藏身處並已斬首成功。據說賓拉登藏在一棟3層樓建築物，外側設有4～6公尺高的混凝土圍牆，其位在3樓的房間更是被2公尺高的牆壁擋住，從外側完全看不見內側狀況。

伊拉克戰爭爆發與伊斯蘭國的崛起

2003年，美國的小布希總統以伊拉克持有大規模生化武器為由入侵，雖然成功摧毀海珊政權（伊拉克戰爭），卻換過激派伊斯蘭國（IS）於2011年美軍完全撤退後崛起。

美國與伊拉克

伊拉克戰爭後的伊拉克誕生了親美政權，在海珊政權下給予俄羅斯、中國與法國等的油田權益就落入美國手中，但是近年美國國內挖到可代替原油的頁岩油，所以對中東的依賴程度有降低傾向。

伊斯蘭國的據點——摩蘇爾

2004年10月誕生的伊斯蘭教遜尼派武裝組織，自2011年起侵略了因內戰而混亂的敘利亞，並逐漸擴張勢力，後來於2014年6月攻陷伊拉克第二大都市摩蘇爾，建立了哈里發制國家伊斯蘭國（IS）。

持續至今的恐怖活動

2017年12月9日，伊拉克的阿巴迪總理宣布與伊斯蘭國的戰爭結束，但是美軍於2021年8月26日從阿富汗撤退時，首都喀布爾機場周邊的伊斯蘭國「呼羅珊省」就發生人肉炸彈事件等，至今中東仍離和平之路基遠。

伊拉克軍於2017年7月奪回摩蘇爾，殘垣敗壁的都市景色敘說著激烈的戰況。

在敘利亞內戰遭破壞的都市阿勒坡

2011年，在阿塞德政權長期獨裁下的敘利亞展開民主化運動，後來更演變成內戰。在受到俄羅斯支援的政府軍，以及受到美國支援的反政府勢力爭戰不休的情況下，敘利亞國內走向荒廢。

600萬人避難

敘利亞北部的阿勒坡自古就是因東西交易而繁榮的商業都市，規模僅次於首都大馬士革，但是卻遭2012年起持續的空襲破壞。2018年美軍撤退後，內戰仍毫不停歇，導致超過660萬人出國避難。

1986年登記為世界遺產的「古都阿勒坡」，受到內戰的影響於2013年被列入「瀕危世界遺產」。

小知識　2021年8月30日，拜登總統宣布已經從阿富汗撤軍完成，美國在阿富汗的軍事作戰正式落幕。後來塔利班擊退了甘尼奪回政權，並且迅速獲得中國與俄羅斯的認同。

希臘國債爆發信用危機　歐盟為何仍金援希臘？

● 從地政學來看位居要地

二〇〇七年歐洲新設了主導歐盟的歐洲理事會常任主席（歐盟總統）、歐盟外交和安全政策高級代表這兩個職位，形成超越國家框架的聯盟，堪稱「歐洲合眾國」。二〇〇九年十月爆發了希臘藉由做假帳隱瞞財政赤字，人們開始擔心希臘經濟崩潰，進而導致希臘國債暴跌，連帶的歐元價格也下跌（歐洲主權債務危機）。IMF與歐盟各國等決定金援希臘，相對的希臘必須實施緊縮財政（將公務員數量裁減至一定程度、調降年金支付額等）與經濟改革，但是二〇一五年一月希臘卻選出了主打反緊縮政策的政權，並宣布要撤銷局部緊縮財政政策。

儘管如此，歐盟仍願意金援希臘，是因為面向地中海的希臘在地緣政治上占有極為重要的位置。

此外，希臘可以說是歐洲文化的起點，因此歐盟各國當然無法捨棄這個猶如聖地的國家。

⟪ 作為古代雅典的外港而繁榮──比雷埃夫斯 ⟫

希臘第三大都市比雷埃夫斯的歷史，源自於西元前5世紀古代雅典政治家地米斯托克利建設的軍港，雖然西元前1世紀因羅馬破壞而衰退，但是19世紀獨立的希臘將雅典定為首都，使比雷埃夫斯得以再度發展。

比雷埃夫斯港的拋售

2015年深陷債務危機的希臘，在歐盟與IMF的強迫下進行財政重建，其中一項措施就是拋售希臘最大港口──比雷埃夫斯。

由中國企業買下

中國的國營海運企業──中國遠洋海運集團，於2008年從經營比雷埃夫斯港的公司取得部分碼頭的營運權，此後就一點一滴深入其中，最後於2016年，以3億6850萬歐元的價格，取得67%的股票。

進出歐洲的要衝

比雷埃夫斯港是透過地中海連結歐洲、中東與非洲的要衝，對中國的一帶一路（→P169）構想來說，是不可或缺的歐洲玄關港口。

中國遠洋海運集團也投資了比利時的澤布魯日港、西班牙的巴倫西亞港與畢爾巴鄂港、義大利的瓦多利古雷港等，一步步地壯大實力。

⟨只要35分鐘的英法海底隧道開通⟩

1991年5月22日，從多佛爾海峽的海面下連接英國與法國的英法海峽開通，19世紀初期法國拿破崙一世懇切期盼的構想終於實現。

英法友好的象徵

1994年5月6日的開通典禮中，法國密特朗總統與英國的伊莉莎白女王都有出席。高速載客列車「歐洲之星」與貨物專用列車等，每天都在隧道穿梭往來。

汽車也能夠搭電車

隧道內只有鐵軌而已，所以汽車必須直接開上擺渡列車「歐洲隧道擺渡列車」穿越海峽，就連大型卡車與兩層樓的觀光巴士也可載運。全程約35分鐘。

歷史秘話　為什麼英國要退出歐盟？

2016年6月23日，英國透過公投決定脫離歐盟，並於2020年1月31日正式退出。英國退出歐盟的主要原因是歐盟經濟問題與移民問題，2009年全球都因雷曼兄弟金融海嘯（→P168）的影響陷入不景氣，歐盟同樣出現負成長的紀錄，同年希臘還爆發債務危機。2015年敘利亞等地將近100萬人的難民流進歐洲，歐盟決議會員國必須依人口與GDP等分攤其中16万人。導致經濟實力僅次於德國的英國負擔不斷增加，英國為了奪回主權只能選擇脫離歐盟。

反對退出歐盟的英國國民在倫敦發起示威遊行。

小知識　除了希臘之外，葡萄牙、義大利、愛爾蘭與西班牙也都面臨巨額財政赤字，因此人們取其國名的第一個字母稱為「PIIGS」。

全球經濟動盪再起 雷曼兄弟破產

●震央在時代廣場

二〇〇八年美國第四大證券公司——雷曼兄弟因高達約六千億美元的負債而破產，起源為美國的不動產泡沫。在房價持續上漲的情況下，借貸蓋房子等價格上漲再轉手的人急遽增加，金融機構為了增加放款金額，連信用評等較差的低收入者也願意提供房貸（次級貸款），並且為了規避被倒債的風險，將債權賣給證券公司；證券公司為了分散風險，將債權包裝成債券，與國債等穩定的債券一起賣給投資人。

但是二〇〇七年，FRB（美國中央銀行）為了控制住不動產泡沫而升息，使得不動產價格暴跌，還不起房貸而破產的人增加，使次級貸款變成不良債權。害怕損失的投資人開始轉賣證券，使證券價格也跟著暴跌，因此除了雷曼兄弟外，其他中小型金融機構亦陸續破產，引爆世界金融危機。

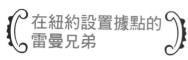

在紐約設置據點的雷曼兄弟

2001年，雷曼兄弟向摩根史坦利收購了位在紐約熱鬧區域——時代廣場的大樓後設置總部，2008年9月15日經營失敗破產，現在由英國知名銀行巴克萊銀行進駐。

由紐約財閥建設

「745 Seventh Avenue」是2001年由洛克斐勒集團與摩根史坦利共同開發，並由KPF建築事務所負責設計，正面顯示螢幕從雷曼兄弟企業色——綠色，改成代表巴克萊銀行的藍色。

由英國銀行收購

雷曼兄弟陷入經營危機時，和他們進行收購交涉到最後的只有巴克萊銀行，雖然英國政府拒絕提供協助而無法完全收購，但是仍將北美投資銀行業務與資本市場業務納入旗下，強化投資部門。

亞洲太平洋部門與歐洲、中東地區主要事業則由日本的野村證券收購。

小知識　還款能力優秀的貸款者稱為優質等級，還款能力有問題的低收入族群則稱為次級。房價泡沫化後，美國銀行以每股29美元的價格整併美國第三大證券公司美林證券，摩根大通銀行則以每股10美元的價格收購第四大的貝爾斯登公司。

中國主導投資銀行於世界各地推動基礎建設

●運輸網的擴大

二十一世紀因為急遽經濟成長而崛起的正是中國，當先進國家因為雷曼兄弟金融海嘯深陷金融危機時，中國藉由公共事業與軍需擴大等不斷進步，最終站上GDP世界第二名的地位。

二〇一三年，中國國家主席習近平打出「一帶一路」的構想。將沿著陸上絲路（一帶）與海上絲路（一路）投資，打造出以中國為中心的巨大經濟圈。

二〇一五年中國創設了亞洲基礎設施投資銀行（AIIB），為亞洲新興國家等提供基礎設施的融資服務，至二〇二一年十月止已經吸引了一百零四個會員國，但是GDP為世界第一名的美國，與第三名的日本並未參加。

儘管中國一步一腳印地在東南亞與非洲等地鞏固中國經濟圈，同時也與周邊國家爆發領土糾紛，包括南沙群島與釣魚台列嶼等。

﹛連結中歐的貨物列車﹜

連結中國與「一帶一路」歐洲沿線國的國際貨物列車「中歐班列」運行車次逐年增加，2020年甚至達12400趟，創下過去最顛峰。

擴大的運輸網

自從2011年連接重慶與杜伊斯堡（德國）的列車開始運行，運輸網就正式開始擴大，目前一帶一路已經連結了中國50座城市與歐洲22個國家160多個都市。

複數路線

主要運輸路線是從內蒙古自治區的滿州里邊境，經由俄羅斯前往歐洲的東路線，從內蒙古自治區二連浩特邊行經蒙古、俄羅斯通往歐洲的中央路線，以及從新疆維吾爾自治區的阿拉山口邊境經由哈薩克通往歐洲的西路線。

用海上貨櫃運輸

貨物輸送會使用一般的20英尺與40英尺（寬與高都和20英尺貨櫃相同，但是長度為2倍）的海上貨櫃。這麼做除了可以一條龍處理完海陸運，遇到軌距不同的地區時也能夠以好的效率轉運。

從中國運輸電子設備與汽車零件，從歐洲運出葡萄酒與肉類等。

集中在印度的融資

2020年6月止獲得AIIB同意的融資案件有80件，其中印度是最大規模的貸款者，獲得了44億美元的融資。第二名為印尼（20億美元）、第三名為孟加拉（15億美元）。

小知識　一帶一路的沿線國達100國以上，人口總計約為全球的6成，GDP（國內生產毛額）總合約為全球的3成。

索引

【主要参考文献】

1001の出来事でわかる世界史、絶対に行けない世界の非公開区域99・National Geographic／Ancient Cities Brought to Life, Jean-Claude Golvin／Ancient Greece: A History in Eleven Cities, Paul Cartledge／Architecture Inside + Out: 50 Iconic Buildings in Detail, John Zukowsky, Robbie Polley／Architecture: A History, Jonathan Glancey／Castles, Fortresses and Citadels, Henri Stierlin／Castles: A History of Fortified Structures: Ancient, Medieval & Modern, Charles Stephenson／Cathedrals and Churches of Europe, Rolf Toman編／Chronicle of the Popes: The Reign-by-Reign Record of the Papacy over 2000 Years, P. G. Maxwell-Stuart／Exploring the World of the Ancient Greeks, John Camp, Elizabeth Fisher／Florence, Gene Adam Brucker／Great Buildings · Philip Wilkinson／Heilige Staetten der Menschheit: Kathedralen, Tempel und Moscheen, Henri Stierlin／History, Adam Hart-Davis總監修／How to Read New York: A Crash Course in Big Apple Architecture, Will Jones／ISLAM, Henri Stierlin／London: The Illustrated History Paperback, Cathy Ross, John Clark／Lost Buildings: Demolished, Destroyed, Imagined, Reborn, Jonathan Glancey／Monuments de l'Antiquité, Henri Stierlin／Palais, villas & châteaux, Henri Stierlin／Paris: City of Art, Jean-Marie Pérouse de Montclos／Prouesses du 20E siècle, Bertrand Lemoine／Secrets et curiosités des monuments de Paris, Dominique Lesbros／Skyscrapers: A History of the World's Most Extraordinary Buildings - Revised and Updated, Judith Dupré／The City in the Greek and Roman World, E. J. Owens／The Elements of Modern Architecture: Understanding Contemporary Buildings, Antony Radford, Selen B. Morkoç, etc.／The Great Cities in History, John Julius Norwich／The Great Empires of the Ancient World, Thomas Harrison／The Papacy, Bernhard Schimmelpfennig／The Pope Encyclopedia: An A to Z of the Holy See, Matthew Bunson／The Reckoning: Financial Accountability and the Rise and Fall of Nations, Jacob Soll／The Rise and Fall of the Third Reich: A History of Nazi Germany, William L. Shirer／The Third Reich in 100 Objects: A Material History of Nazi Germany, Roger Moorhouse／The Third Reich: Facts, Figures and data for Hitler's Nazi Regime, 1933-45 (World War II Germany), Chris McNab／Timelines of Everything, DK Publishing／Unsere Geschichte in Flugbildern 3, Henri Stierlin／Visual History of the Fighting Man, R. G. Grant編著／Why You Can Build it Like That, John Zukowsky／World War I, H.P. Willmott／アメリカ建築案内2・淵上正幸／アレクサンドロスの征服と神話、森谷公俊／イスラーム建築の世界史・深見奈緒子／イタリア人が教える日本人の知らない建築の見かた・Francesca Prina／ヴァイキングの世界・谷口幸男・遠藤紀勝／ヴィジュアル歴史百科・DK社編／オランダの歴史・佐藤弘幸／シック大聖堂の建築工匠・坊城俊成・坊城ガブリエラ知子／スカイスクレイパーズ・小林克弘・鳥海基樹等人／そのとき、「お金」で歴史が動いた・ホン・チュヌク／ドイツの大学、「お金」・ドイツの古都と古城・ホン・チュヌク／ニュースのなぜ?は世界史に学べ・茂木誠／パリ名建築でめぐる旅・中島智章／ヒトラーと第三帝国・Richard J. Evans／プラハ旅物語・沖島博美／ボルトガル美術・松本典昭／リノベーションからみる西洋建築史・伊藤喜彦・頴原澄子／ルターと宗教改革・出崎澄治／ローマ教皇史・鈴木宣明／一帯一路の現状分析と戦略展望・国立研究開発法人科学技術振興機構中国総合研究・さくらサイエンスセンター／大統領府から読むフランス300年史・山口昌子／中国「一帯一路」構想および交通インフラ計画について・国立研究開発法人科学技術振興機構中国総合研究交流センター（一オーストリア・NPO法人世界遺産アカデミー監修／中欧（一オーストリア・建造物・David Macaulay／世界の名建築ヒストリア・中島智朗／世界一の豪華建築バロック・Neil Stevenson／世界史年表・地図・吉川弘文館／世界名建築物の謎・Neil Stevenson／世界地名大事典1～9・竹内啓一總編輯／世界宗教事典・中川武監修／世界史大図鑑・世界経済図説第四版・宮崎勇・田谷禎三／世界歴史建築大図鑑・DK社編／世界美術大事典・小学館／地中海世界とローマ帝国・本村凌二五年戦争・佐藤猛／洋キリスト教建築・中川武／図税フランスの歴史・西佐々木真／図説ブルボン王朝・長谷川輝夫／図説ポッティイチェリの都フィレンツェ・佐藤幸三／図説ロマネスクの教会堂・辻本敬子／大生が身につけている教養としての世界史・祝田秀全／高層建築の読み方・本村凌二／第一次世界大戦上＆下・学研パブリッシング／経済で読み解く世界史・宇山卓栄／経済と金融の世界史・泉弥／もう一度読む山川世界史・茂木誠／戦車・白石光／洋泉社／新編・海の地政学・竹田いさみ／軍港都市史研究VII・大豆生田稔編／海の世界史・教養としての世界史の読み方・本村凌二／第新建築2015年2月別冊／新潮世界美術辞典・木村靖二・岸本美緒・小松久男編

【影像提供】

Adobe Stock／A. Savin／Neuroforetorever／Steven G. Johnson／Livelikerw／Windmemories／PIXTA

【監修簡介】

本村凌二

1947年出生於熊本縣，一橋大學社會系畢業，東京大學研究所人文科學研究系博士滿期後退學，現為東京大學名譽教授。文學博士，專長為古羅馬史。曾以《幽暗的羅馬世界——嬰兒遺棄與奴隸制》（暫譯）榮獲SUNTORY學藝獎，《馬的世界史》一書榮獲JRA賞馬事文化獎，並憑藉一連串的貢獻獲頒地中海學會獎。著作包括《地中海世界與羅馬帝國》、《獨裁的異議》（以上皆八旗文化出版）、《想讀通世界史，先讀懂羅馬史》（五南）、《爆笑世界史：潮讀45位名人反差，帶你一次上手世界史！》（三采文化）等書。

編輯協力　オフィス・エス（笹島浩）
插畫　　　みの理
設計　　　平塚兼右／平塚恵美
　　　　　（PiDEZA Inc.）
內文排版　矢口なな／新井良子
　　　　　（PiDEZA Inc.）

TOUDAI MEIYO KYOUJU GA OSHIERU ! KENCHIKU DE TSUKAMU SEKAISHI ZUKAN
Copyright © 2022 Futami Shobo Publishing Co., Ltd.,
All rights reserved.
Originally published in Japan by Futami Shobo Publishing Co., Ltd.,
Chinese (in traditional character only) translation rights arranged with
Futami Shobo Publishing Co., Ltd., through CREEK & RIVER Co., Ltd.

東大名譽教授的歷史講堂！
建築裡的世界史圖鑑

出　　　　版／楓書坊文化出版社
地　　　　址／新北市板橋區信義路163巷3號10樓
郵 政 劃 撥／19907596　楓書坊文化出版社
網　　　　址／www.maplebook.com.tw
電　　　　話／02-2957-6096
傳　　　　真／02-2957-6435
監　　　　修／本村凌二
翻　　　　譯／黃筱涵
責 任 編 輯／江婉瑄
內 文 排 版／楊亞容
港 澳 經 銷／泛華發行代理有限公司
定　　　　價／350元
初 版 日 期／2022年12月

國家圖書館出版品預行編目資料

東大名譽教授的歷史講堂！建築裡的世界
史圖鑑 / 本村凌二監修；黃筱涵譯. -- 初
版. -- 新北市：楓書坊文化出版社,
2022.12　　面；　公分

ISBN 978-986-377-820-2（平裝）

1. 世界史　2. 建築藝術

711　　　　　　　　　　　　111016236